BURRO

EL PODER DEL DESCUBRIMIENTO DE UNO MISMO

Por una nueva educación

Ascensión Cortés Laso

ISBN: 978-84-686-4682-4
ISBN digital: 978-84-686-4683-1
Editor Bubok Publishing S.L.
Impreso en España/Printed in Spain

Índice

Agradecimientos

Mi mayor agradecimiento es para mis tres hijas. Siempre me hicieron sacar fuerzas de donde ya no quedaban.

Agradecer a mis padres y hermanos por el gran apoyo y amor incondicional que siempre me brindaron.

A Elena Vander, que llegó en un momento clave a mi vida; terapeuta y autora del libro "En nombre del amor", donde relata su propia experiencia sobre los abusos sexuales que recibió en su infancia.

A Laura Lizana Cortés, mi hija, por diseñar el dibujo de la cubierta.

A mi gran amiga y compañera Paloma Jiménez Cacho, por permitirme introducir en el cuento la hermosa letra de su canción.

A Fernando Cid Lucas, por su colaboración.

A mi antiguo compañero Víctor Lavado Cantos, por depositar su confianza en mí, para poder publicar su texto "Va a ser que sí".

A Pilar, Lourdes, Maribel, María Pérez, Patricia, Meli, Tom, Juanjo, Marisa, Suso, Yiyi y a todas las personas que siempre confiaron en mí.

*Dedicado a mis cinco grandes maestros:
mis tres hijas, Laura, Anabel y Paula;
y a mis padres Joaquín y Julia.*

*Necesito una mirada feliz, llena de
amor y ternura, para así,
poder respirar y caminar libre.*

Carta de un hijo a sus padres desde el vientre materno

Hola, Papá, hola, mamá, ya queda muy poco para el gran día; estoy ansioso por veros; me pregunto cómo seréis ¿altos o bajitos? ¿de tez blanca u oscura? ¿pelo castaño o rubio? ¿seréis abogados? o ¿quizás médicos? ¿Sabéis? En realidad me da igual, porque, lo que realmente me importa, es que, cuando llegue a vuestras vidas, estéis felices de acogerme en vuestros brazos para poder recibir el amor y la ternura que necesito y merezco. Tú, mamá, seguro que te emocionarás y no podrás evitar llorar cuando, nada más nacer, me pongan sobre tu vientre; será la primera vez que podré sentir tu manos sobre mi sensible y delicada piel; sentiré tu corazón bajo mi rostro y esto me indicará que, aunque ya no esté dentro de tu cuerpo, sabré que sigues ahí, a mi lado, acompañándome para no sentirme solo y desprotegido. Tu, papá, seguro que también te emocionarás al verme sobre el vientre de mamá, y querrás cogerme entre tus brazos; te llenarás de gozo y me mostrarás, orgulloso, a los abuelos y a los tíos y dirás: -"Este chico será un gran hombre, un gran hombre como yo"-. Porque, tú si eres un gran hombre ¿Verdad, papá, que lo eres? ¡Deseo tanto veros a los dos que la cuenta atrás se me está haciendo interminable!

Os escribo esta carta porque deseo deciros que cuando esté con vosotros quiero que sigáis con vuestra vida, que no dejéis de lado vuestros sueños por mí, no tendría sentido, así os veré felices y yo también lo estaré. De otro modo, yo arrastraré vuestra frustración y nunca podré aprender a respetar mis ideas y sentimientos.

Me gustaría que cuando tuvierais un problema lo solucionarais sin que me vea involucrado en ello. Ver vuestras miradas de desprecio del uno hacia el otro me hará mucho daño y hará que me sienta culpable, intentando ayudaros, probablemente, sin resultado.

Os pido, por favor, que no me hagáis elegir entre uno y otro, pues me sentiré muy triste. Yo os amo y os necesito a los dos. Sois dos seres con un cuerpo completamente diferente, pero con la misma esencia. Debo aprender de los dos; así es la vida, un niño necesita de su padre y de su madre.

Me gustaría que me tratarais con mucho amor y comprensión. Soy muy pequeño y por ello muy frágil y sensible. Cuando tengáis algo que decirme, deseo que lo hagáis con mucha paciencia y respeto. Estoy aprendiendo y quizás no pueda aprender tan rápido como quisierais.

Deseo que vuestra mirada hacia mí esté llena de ternura y de respeto, ello contribuirá a que yo pueda ponerme delante del espejo y pueda estar orgulloso de mí mismo. Si vuestra mirada fuera de desprecio, sentiría que todo lo hago mal, con lo cual acabaría despreciándome, para, más adelante, despreciar a mis propios hijos.

No me gustaría que me gritarais, o que me golpearais, sentiré mucho miedo y una gran culpa, adquiriré una imagen muy negativa de mi mismo y no aprenderé a respetarme, sino todo lo contrario, maltrataré mi cuerpo y mi vida no tendrá mucho sentido. Me sentiré infeliz y, por ello, vuestros nietos, también lo serán.

No desearía que me complacierais siempre, no me gustaría convertirme en un niño malcriado y egoísta. Necesitaré que me pongáis límites con firmeza y amor para aprender a ser una persona íntegra y respetuosa.

Y, por último, deciros que para mí será muy importante y decisivo en mi vida que mi educación en la escuela no esté enfocada a convertirme en un ser obediente y dócil, sino en un ser libre, creativo y dichoso. Si coartan mis cualidades y mi creatividad también coartarán mi libertad. Viviré la vida de otra persona y no la mía propia, haciéndome sentir fracasado.

No sé si queda algo por decir, si así fuera, me gustaría que, conforme vaya creciendo, me permitáis que os pueda expresar todo lo que sienta y que me escuchéis con total comprensión, sin intentar cambiar en ningún momento mi propia esencia. Deseo llegar a ser un ser especial, lleno de amor, respeto y comprensión.

No olvidéis nunca que estamos unidos a través del latido de nuestro corazón, y que éste debe de ser fuerte para poder a llegar a ser seres completos.

Os, ama vuestro hijo.

Introducción

Cuando la luz se expandió, miles de estrellas replegaron el Universo, muchas de las cuales decidieron bajar a este planeta. Tú eres una de ellas, y tú, y tú también; todos lo somos, no lo dudes ni por un solo instante. Eres una estrella brillando en este hermoso planeta llamado Tierra.

Forma parte de nuestra esencia recordar quiénes somos. Atravesamos unos años difíciles y complicados y aún quedan algunos más; no hay que alarmarse, porque no tenemos nada que perder, todo es cuestión de percepción, ya que no se trata de que tengamos nada que hacer, sino de dejarnos Ser.

Por mi parte, quiero aportar mi aprendizaje, en principio, a mis hijas, pues no quiero dejarles como herencia mi apatía, mi conformismo y, por supuesto, mucho menos, las ganas de vivir en un mundo lleno de violencia y odio hacia uno mismo.

No quiero que sientan que todo está acabado y que la vida es un asco, como muchas personas sienten en este momento -y no sin razón-; creo y siento que la vida es hermosa y merece ser vivida, que, cada día que, pasa más me maravilla y más me sorprende con sus extrañas "casualidades".

El mundo está cambiando, lo quieras ver o no, entre todos lo haremos a través de un profundo trabajo interior de reconocimiento y amor hacia uno mismo. Juntos construiremos un nuevo mundo.

Personas en todo el planeta lo están haciendo, yo lo estoy haciendo, muchas de las personas que me rodean, y tú también lo harás; lo harás porque tu esencia así lo desea, y te aseguro que, si hace falta, pondrá tu vida patas arriba, todo, hasta que te des cuenta de que la única manera de ser dichoso es que dejes de buscar afuera y empieces a mirar dentro de ti.

Lo que tú creías que era tu vida hasta ahora no tendrá sentido; despertarás del letargo y todo te parecerá un mal sueño, despertarás a una nueva realidad, una realidad llena de esperanza y amor.

Deseo que disfrutes de este libro, es un libro muy sencillo y ameno. Incluyo un cuento en el que intento transmitir la gran fuerza y sabiduría que late dentro de cada uno de nosotros. Me gustaría que pudiera llegar a las manos de todas y cada una de las personas que, en algún momento de su vida, se hayan sentido como yo durante cuarenta y seis largos años de la mía. Esta es la prueba de que nada es imposible y de que todos estamos capacitados para hacer todo lo que nos propongamos, el secreto está en que creas en ti, pese a que tropieces, no importa, ten fe y vuelve a levantarte. Renueva tus fuerzas, da igual que te juzguen, lo harán de igual modo; mantente firme, con la vista puesta en tus sueños y te aseguro que una nueva vida se pondrá ante tus ojos, llena de esperanza y de amor.

Confía en ti y no te olvides nunca de quién eres.

Después de unos días de oscuridad,un nuevo amanecer llegara a nosotros, serán días...

15

*Nuestro conocimiento es lo que determina
nuestro sufrimiento y éste, a su vez,
determina nuestro condicionamiento.*

1

Descubrirse

Cuando la flor se abre ocurre el milagro.

No hay nada más hermoso que comenzar a descubrirse, a darse cuenta de que uno no es lo que le dijeron que era: torpe, vago, guarra, puta, inútil, rebelde, subnormal, asquerosa, burro, sinvergüenza, maricón y así, un largo etc. Palabras que quedaron grabadas en nuestro cuerpo y en nuestra mente a golpe de martillo, día tras día, a lo largo de nuestra infancia; que dejaron una profunda y dolorosa huella en nuestro cuerpo. Una huella que se manifiesta día tras día, que nos entorpece y que nos impide avanzar por los hechos vividos en nuestro pasado, que nos acompaña en nuestro presente, dificultándonos e impidiéndonos vivir con total plenitud y disfrutar de nuestra creatividad y de nuestra energía para así poder estar en total sintonía con nosotros mismos y con el mundo que nos rodea.

Es muy doloroso creer que no estás capacitada para hacer determinadas cosas, como, por ejemplo estudiar. Este fue mi caso; desde que dejara mis estudios creí siempre que no era inteligente. Esto me llevó a tener una imagen bastante negativa de mi misma y se convirtió en una fuerte creencia; tanto que llegué a sentir que "valía menos que una mierda"; sí, una mierda, una expresión un tanto dura y desagradable, pero es la mejor forma de expresar cómo me he sentido a lo largo de toda mi vida.

Me pregunto cuántos chicos hay en este momento sintiéndose así ¿Podrías hacerte una idea? Yo sí, millones y millones, y no exagero, pues, en el fondo, todos nos sentimos así, aunque no seamos consciente de ello. Lo tapamos con mil y una compensaciones. El año pasado llegó a mis manos un gran libro, que, cada día que pasa, veo de una forma más clara todo lo que habita de manera inconsciente en mi interior: "De la codependencia a la libertad. Cara a cara con el miedo", escrito por Krishnananda. Este mismo año asistí a uno de los seminarios que imparte junto a su compañera, Amana; entonces pude empezar a sentir realmente parte del dolor que cargaba desde mi niñez, y fue cuando comprendí el significado de la palabra INCONSCIENTE.

¿Qué quiere decir inconsciente? El inconsciente personal, para Carl Gustav Jung, contiene "recuerdos perdidos, ideas dolorosas que están reprimidas (es decir, olvidadas adrede), percepciones subliminales [...] y, finalmente, contenidos que aún no están listos para la consciencia".

La característica principal del inconsciente personal es que contenidos de éste, y específicamente los contenidos reprimidos, tienen la cualidad de que pueden volver a ser conscientes con el reconocimientos, de la persona, de la existencia de éstos.

¿Qué ha significado esto para mí? Que, en la medida en que estoy empezando a ser consciente de todo lo que inconscientemente estaba grabado en mi cuerpo y en mi mente, he podido ver y sentir que no era la clase de persona que yo creía ser, sino todo lo contrario.

Descubrir que nada de lo que me dijeron era verdad, ha sido un tanto complicado y difícil de entender, y, más aún, de integrar. No era torpe porque sí, sino porque, debido a los hechos ocurridos en mi pasado, muchas de mis cualidades y capacidades fueron mermadas: el estrés, la vergüenza, mi falta de atención, mis miedos… formaban parte de los síntomas de mis traumas. Cuando pude entenderlo fue cuando, por fin, pude relajarme y sentir que no era aquella niña torpe e incapaz que me hicieron creer. He pasado media vida creyendo y viviendo como niña, sin poder integrar a la mujer adulta que estoy empezando a conocer y a ser, una mujer a la que podría describir como poseedora de una gran fuerza y un gran carisma.

Descubrir que tienes una gran fuerza que late en tu interior, capacitada para hacer todo lo que te propongas, sin limitación alguna; capaz de conseguir lo que tú creías inalcanzable es algo que "mi niña", en mis mejores sueños, no lo hubiera podido imaginar.

"Soñar"… hermosa palabra; para mí, soñar es sinónimo de libertad. Cuando era niña recuerdo que siempre estaba soñando; soñaba despierta, soñaba que algún día conseguiría mucho dinero y viajaría a Latinoamérica para ayudar a los niños que no tenían recursos, soñaba que les hacía una escuela y que cubría sus necesidades principales. Soñaba que podía cambiar el mundo, un mundo en el que no hubiera violencia, en el que todos fuéramos más tolerantes y comprensivos, un mundo lleno de amor. Ahora entiendo que esas ganas de cambiar el mundo son algo que late muy adentro de cada uno de nosotros y, aunque nuestra mente nos haga pensar que es una utopía, en el fondo de nuestro corazón sabemos que el cambio es posible y que es cosa de todos, pues todos juntos vamos navegando en este gran barco llamado planeta Tierra.

Con el paso de los años y ya con mi autoestima por los suelos, mis sueños fueron a parar al cubo de los sueños.

¿Te acuerdas de cuando eras niño y hablabas con tus amigos de lo que haríais cuando fuerais mayores? ¿Lo recuerdas? Sólo tú querías hablar; la emoción te embargaba, tu pecho latía muy fuerte y tu respiración se aceleraba al pensar que podrías hacer todo lo que de verdad sentías, sin que ningún adulto te cuestionara, "ya no habrá nadie que te diga qué es lo que tienes que hacer" pensabas: "Serás libre para hacer lo que sientas". La sorpresa es que, cuando eres adulto, te das cuenta de que son las creencias adquiridas en tu infancia lo que te impiden cumplir tus sueños, pues la educación que recibiste estaba hecha estratégicamente para anularte y para que permanecieras ciego ante tu brillantez; una educación basada en hundir el potencial humano y que nos ha transformado en empleados dóciles y obedientes. La vergüenza, el miedo y la culpa son tres de las grandes y poderosas armas que utiliza el sistema educativo para hundirte y para que la sensación de humillación y derrota te acompañe por el resto de tus días y no puedas expresar la grandiosidad que late dentro de ti.

¿Cuánto tiempo hace que no te preguntas qué es lo que te haría sentirte mejor? ¿Qué es lo que deseo hacer?

Seguro que para algunos es difícil responder a esto, pues no sabemos identificar cuáles son nuestros objetivos. Nuestra creatividad fue castrada y nos desconectamos de ella para dejar de sentir y convertirnos en las máquinas que somos actualmente.

¿Por qué dejamos de soñar?

Nos dijeron que soñar era de locos ¡uf! Cuando eres niño y te dicen que estás loco, lo primero que haces es eliminar todo lo que hace identificarte con esa locura, pues fuimos educados en lo que está bien o en lo que está mal; nos enseñaron a construirnos nuestra pequeña cárcel, una cárcel hecha a base de miedo, un profundo miedo al qué dirán, porque, si te sales de las normas serás juzgado de una manera muy crítica y mortal. Por todo ello, conforme vas creciendo, te vas amoldando a lo que te van imponiendo para así poder ser aceptado y amado, de otro modo, te arrinconarán y te dirán que eres un chico malo y rebelde. "Así no funciona la vida" -te dirán- "Tienes que buscarte un trabajo seguro, casarte, tener hijos", y luego mueres, mueres en vida y vives como una máquina, haciendo, día tras día, lo mismo.

La libertad que tú crees que tienes es estar atado a una hipoteca, a un coche, a un trabajo que no te satisface y a todo lo que no te deja ser tú mismo, eso es vivir en libertad, ¡viva la libertad! Viva la libertad de elegir una vida que ya estaba bien planeada y orquestada por el sistema y no por ti, pues has sido estratégicamente educado para caer en la trampa y hacerte creer que eres libre.

Hace cuatro años ocurrió algo que cambió el rumbo de mi vida. Fue muy doloroso en su momento, pero hoy le estoy y le estaré eternamente agradecida a la existencia por los acontecimientos ocurridos. Fue a raíz de aquello que empecé a darme cuenta de que el mundo está al revés y que todo lo que me han enseñado y he creído hasta ahora como válido ya no me sirve y, menos aún, en los tiempos que están por venir: tiempos de cambio, buenos o malos, todo depende de cómo tú quieras verlo. Lo que sí está muy claro es que cada uno tiene el poder de crear su propia realidad, por ello, en tus manos está tu destino.

Mi vida era un auténtico caos y lo curioso es que lo aceptaba. Había llegado a creer que la vida que estaba viviendo era lo que merecía y que no podía cambiarla. Una mañana, al verme con mi dosis de pastillas diaria en la mano, y teniendo que enfrentarme a mi tercera separación, fue cuando sentí que la vida no podía ser lo que estaba viviendo; en mi interior algo me decía que yo había venido a este mundo para hacer algo grande, la vida no podía ser tanto sufrimiento y abandono. Yo no lo merecía.

Al cabo de unos meses, y después de creer que me había recuperado de mi última relación de pareja, volví a tropezar con la misma piedra. Fue un momento bastante doloroso: postrada de rodillas a los pies de mi cama sentí que ya no podía continuar viviendo, me vi ahorcada en el garaje de mi casa; esa imagen me causo terror; un profundo miedo se apoderó de mí. En otras ocasiones ya había pensado en suicidarme, pero esa vez fue diferente, me vi haciéndolo. Afortunadamente, llegó a mi mente, como un rayito de luz, la imagen de mis tres hijas. Esto me dio fuerzas para levantarme y decirme: "La vida continua y tus hijas te necesitan". Hoy, doy gracias a mis hijas, pues ellas siempre me hicieron sacar fuerzas de donde no las tenía.

Me sentía vacía e intentaba llenar ese vacío haciendo mil cosas: estudiando, trabajando, leyendo, limpiando, sobre todo limpiar (¡se me daba de bien!). Mi casa estaba reluciente, sin ser consciente de que mi verdadera casa, mi templo, mi cuerpo, lo tenía abandonado y apartado. No quería sentirlo bajo ningún concepto, estaba cansado y me lo reflejaba con constantes lumbalgias, bastante fuertes y que, en ocasiones, acababan en ingresos en el hospital. Cuatro protusiones y una hernia discal, entre otras cosas, son el reflejo de lo mucho que me he negado a mi misma por no querer sentir mi propia soledad y por no querer ni saber acoger todo mi dolor.

No podía disfrutar de mis hijas, no sabía hacerlo, nadie me enseñó. Tan sólo cubría sus necesidades básicas: alimentarlas bien, que tuvieran lo que yo creía entonces que era una buena educación, que estuvieran impecablemente vestidas (si podía ser mejor que los hijos de mis vecinos y amigos eso era sinónimo de que mi situación económica era mejor), en fin… intentando aparentar que mi vida era perfecta ante los demás, pero ¿y ante mí? ¿Era mi vida perfecta ante mí? Nunca me hice tal pregunta, no supe hacérmela. Este tipo de preguntas nos abren viejas y profundas heridas que no queremos y no sabemos sentir, no hemos sido educados para acoger nuestro propio dolor.

Vivía tan asqueada de todo lo que me rodeaba que necesitaba darle un gran vuelco a mi vida; necesitaba cambiar, pero no sabía cómo; quería cambiar sin entender que no era, exactamente, mi vida lo que debía cambiar, sino, simplemente, la forma de ver mi vida, la forma en cómo yo me enfrentaba a mi día a día, la manera en cómo yo miraba a mis hijas, a mis amigos, a mis padres, hermanos, la forma en cómo yo me veía y me sentía a mí misma. No lograba disfrutar de mi presente, ya que estaba anclada en el pasado y mi futuro no llegaba nunca, pues no conseguía liberarme del pasado. Todo se repetía una y otra vez. Sin ser consciente de ello, y, por mucho que intentaba cambiar lo que me rodeaba, todo seguía igual. Me di cuenta de que llevaba toda la vida intentando cambiar mi mundo exterior sin ser consciente de que era yo la que debía cambiar. Más adelante, he sabido que yo tampoco debía cambiar, sino aceptarme tal y como era, y amarme por encima de todo.

Ahora sé que todos podemos conseguir el gran cambio; un cambio lleno de aceptación, valoración, compasión y amor hacia uno mismo, pues dentro de todos nosotros habita una fuerza y un amor inmenso capaz de cualquier cosa. Sólo necesitas saber mirar por esa pequeña ventanita a la que todos llamamos corazón.

2

El cambio

*No hay nada más liberador que el conocimiento
de ti mismo, llegar a conocerte y descubrir tu potencial
es el mayor regalo que la existencia puede darte.*

Un buen día quedé con Pilar, mi gran amiga y compañera de colegio, para hacer un blog en el que poder reflejar todo lo que quería expresar a través de la escritura. El blog lo llamé "Mariquilla Arremete". Mi intención era llamarlo "Mariquilla Arremete con dos cojoncillos", afortunadamente, Pilar me quitó la idea; el blog era un desahogo y una muestra de lo que habitaba en mi interior. Estaba enfadada con la vida y quería gritarle al mundo lo injusto que estaba siendo conmigo, quería dejar claro que mi vida estaba llena de injusticias y que yo no lo merecía.

Estos textos que relato a continuación son la muestra de lo que escribía y lo que he sentido a lo largo de mi vida y, aunque en su momento no quería verme reflejada en ellos, hoy sé que son la tarjeta de identidad de mi pasado.

¡Uf qué día!

Suena el despertador y ya estás agotada; te levantas a oscuras porque no quieres que tu "macho man" se despierte. Te pones a buscar, a tientas, las zapatillas y no las encuentras, decides ir descalza y en eso que te das un buen golpe con la pata de la cama en el dedo meñique del pie y te vas echando pestes para el baño y con un dolor con el que apenas puedes caminar.

Antes de entrar en la ducha te miras en el espejo, te echas un vistazo por delante y otro por detrás y ahí empiezas a entender los comentarios que escuchabas a las amigas de tu madre cuando decían que tenían el culo como una patata; total, que te duchas, te das la cremita "anticelulítica" pensando en que todavía puede hacer algo; te vistes y, por supuesto, el maquillaje que no falte. Vuelves a mirarte de nuevo en el espejo y te dices: "Aún estoy divina", porque, si tú no te lo dices, tú maridito no te lo va a decir.

Después de una dura jornada con tu jefe/a, que en la mayoría de los casos es un auténtico cabrón/a, y de lidiar con tus compañeros, sales de trabajar y piensas que te faltan algunas cosas en la nevera (esto sólo lo podemos pensar nosotras, tu marido no, ya que no está capacitado para saber qué es lo que se necesita para comer), y decides ir a comprar. De camino, en el coche, vas pensando si tienes la dichosa monedita para el carrito.

Llegas al "súper" y, cuando vas por la mitad del pasillo, resulta que el carrito tiene una rueda atascada y vas haciendo mil y una piruetas por los pasillos.

Por fin estás en casa. En el salón está tu maridito, dormidito en el sillón. Ha tenido una durísima jornada laboral. Te quedas mirándolo fijamente, le ves roncando y con cierta tripita en cuarto creciente, entonces te preguntas: "¿Dónde está el "sexapil" que te conquistó? Si pudiera, ahora mismo, lo cambiaba por un viaje a Benidorm".

Colocas la compra y te pones a comer el cocido. Dudas si comerte el bocadillo de choricito y morcilla, pues te acuerdas de la imagen que vistes por la mañana en el espejo. Por fin has recogido la cocina, te echas un ratito en el sillón cuando, de repente, suena el teléfono y una voz de las que ya conoces te dice: "Hola, muy buenas tardes, le llamo de la telefonía…" interiormente te cagas en ella y en ti misma por haber cogido el teléfono. "La madre que la parió, con lo a gusto que estaba yo durmiendo ahora….", le echas cuatro pestes y le dejas con la palabra en la boca.

En fin…tu pequeño descanso ha terminado, pues tienes que preparar la cena y ya, de paso, la comida para el día siguiente. En eso que llama tu madre, y, claro, tienes que aguantar el tirón, ya que es bastante absorbente y quiere dejar bien presente sus quejas. Y, con el teléfono entre la cabeza y el hombro, intentas darle la vuelta a la tortilla de patatas. De repente, detrás tienes a tu hijo preguntándote: "¿Mamá, qué es un pedófilo? Se lo he preguntado a papá y me ha dicho que él no lo sabe y que me lo expliques tú". "¡Tierra, trágame! ¡Será capullo!" A todo esto, tu maridito está en el garaje haciendo sus cosas, sólo Dios sabe qué…

Por fin la tranquilidad y el silencio inundan tu casa: los niños duermen. Les echas una ojeada y te vas a la cama pensando en cómo te duele aún el dedo meñique e intentas dormir. Acto seguido llega tu "macho man" y quiere "guerra". Estás casi dormida y él empieza a "meterte mano". No a acariciarte, no, sino a "meterte mano". Intentas hacerte la dormida, pero, tanto llega la mano al

fondo que no te queda más remedio que decirle que estás agotada. Él, como siempre, te reprocha que siempre estás cansada y
que nunca te apetece. Mientras, se da la media vuelta, haciéndote
sentir culpable y, entonces, un sentimiento te invade, haciéndote
sentir peor, por no poder complacer a tu considerado marido.

Y colorín colorado, este día se ha acabado.

El siguiente texto lo escribió un compañero y amigo, Víctor, como réplica al mío:

"Pues va a ser que sí"

Esto se podría considerar una réplica a algo un tanto exagerado, pero, no por ello, menos cierto.

Como hombre, considero que lo general en épocas anteriores fue el modelo de marido, pero, en la actualidad, existimos hombres fuera de ese canon. Expondré algún ejemplo de realidad conyugal.

Respondiendo a la carta de Mariquilla, diré que hay hombres que trabajamos, cocinamos, compartimos las tareas domésticas y, en definitiva, compartimos nuestra vida y obligaciones con nuestra pareja, desde la mañana a la noche.

Por la mañana, bien tempranito, hay que madrugar sin despertar a la de al lado porque, ya se sabe que, como te levantes armando ruido, te dice que pareces un elefante en una cacharrería, así que te levantas chocándote con todo para no despertarla, y, lo mejor de todo, es que es peor el remedio que la enfermedad.

Jornada de trabajo duro, como todos los días, y cuando llegas a casa, lo lógico es que si llegas antes que ella prepares la mesa, pongas a calentar la comida que has dejado hecha el día anterior y que todo esté listo para comer. Después hay que recoger y, cómo no, echarse

33

un ratito de siesta para después ir de compras, pero de las que les gustan a ellas.

El paciente porteador de bolsas de compradoras "convulsivas"(porque parece que les den convulsiones) y no compulsivas, que se dedica a pasear por la tienda mientras su mujer se prueba uno y otro trapito en sus tiendas favoritas, si no estás sentado en el banco de enfrente de la tienda esperando a que la señora salga como alma que lleva el diablo, totalmente poseída por entrar en la tienda de al lado, sin mirar ni siquiera hacia donde te encuentras sentado; lo mejor de todo, cuando llegas a casa, es no decir nada, porque, si lo dices tu mujercita te contestará que cada vez que la acompañas de compras la agobias y te dice que la próxima vez se irá sola (todo esto sin haber dicho ni "mu").

Y, sin haber entrado en la tienda, porque si entras con ella se coge un montón de prendas y te encasqueta el bolso mientras se prueba una camisa, un pantalón u otra cosa. Y sale y te pregunta qué tal le queda; tú, como siempre, le dices lo que crees. En este caso ocurren dos cosas:

1 -Si le dices que te gusta ella te contesta que siempre le dices lo mismo y que no te fijas en que le tira de los hombros y que le aprieta por todos lados. Por todos es sabido que la realidad es que estamos deseando acabar ya de tiendas, pero hay que ir a la siguiente.

2 –Si, por el contrario, le dices que no te gusta, ella te contesta que qué sabrás tú de lo que se lleva.

En definitiva, que para qué preguntar si, digas lo que digas, no vas a acertar.

De vuelta a casa una ducha, algo de cena y a ver un rato la tele hasta que te quedes dormido de aburrimiento. Y te despiertas solo en el salón, porque ella se ha ido a dormir sin avisarte, para no molestarte. Y si el cuerpo te pide matrimonio, mejor dejarlo, porque ya se sabe que, como se está cansado, no hay manera de hacer nada.

Así que, a dormir, que mañana será otro día.

Pero, lo mejor de todo, es que esto es lo que nos queda, que, aunque nos aburramos de ir de compras y de la vida cotidiana ¿Qué sería de nosotros si no existieran las mujeres?

Para terminar, sólo habría que hacer una reseña de un anuncio que dice:

"El ser humano es extraordinario" y yo digo que la mujer, en general, es un ser extraordinario.

Víctor Lavado Cantos

Estos dos textos, indudablemente, definen y reflejan la vida de muchos hombres y mujeres, pero no necesariamente; el texto de Mariquilla refleja la realidad, no sólo de la mujer, sino de muchos hombres también, al igual que el texto de Víctor también confirma la vida y la realidad de muchas mujeres.

No quiero pecar ni de machista ni de feminista, a día de hoy, tanto hombres como mujeres, somos víctimas del sistema, nos han educado para que compitamos y lo consiguieron. Somos seres grandiosos, experimentando en un cuerpo femenino o masculino y ya está; no hay nada más allá de esta realidad.

"Las que tienen que servir"

Madrid 07:00h, un jueves como otro cualquiera; mientras estoy desayunando pienso en la dura jornada que me espera; sólo de pensarlo me asfixio, llevo una vida asquerosamente difícil e insatisfactoria. Salgo de casa a las 07:50h para poder coger el autobús de las 08:00h, ya que tengo una hora por delante de camino y mil cosas en las que pensar…

Hoy es jueves, al señorito Luisito le toca cambio de calzoncillos, pobre, con apenas 20 años se los cambia una vez a la semana. Cuando llegue a trabajar, al menos, la lavadora estará puesta, pues ya se encarga la señora de ponerla para que no pueda verlos.

Fin de trayecto. Entro en el portal, saludo al conserje, un señor muy agradable y al que tienen muy bien entrenado para que las asistentas no nos colemos por las escaleras principales y entremos por las de servicio. No se te ocurra ir por donde entran los señores, ya que puedes contagiarles alguna enfermedad, como sencillez, honradez… Mientras subo en el ascensor pienso en lo que me voy a encontrar hoy.

Entro por la puerta de servicio que da directamente a la cocina, la señora ha sacado los utensilios del interior de esos inmensos muebles de cocina y los ha rociado con Fairy, todos sabemos la espuma que hace. Recuerdo que la vez anterior me pasé media hora con cada mueble para poder enjuagarlos bien. Paso al cuarto de servicio a ponerme "la batita de rayas", la odio a muerte y observo que la mitad de la cama está llena de ropa para planchar.

La señora comienza a darme instrucciones: aspirador, limpiar el polvo, planchar, hacer la comida, etc.

Mientras estoy limpiando el cuarto de baño, la señora está observándome en la puerta para ver si introduzco la mano bien adentro en la taza del wáter, para que sus caquitas sean bien acogidas en un espacio bien limpio y lleno de frescor. Seguidamente, me pongo a cocer los macarrones; una vez que ya están cocidos los paso por el colador, tirando el agua por el fregadero. De repente, la señora me pregunta: "¿Dónde está el caldito?", y yo le pregunto: "¿Qué caldito?" Ella me responde: "El caldo de cocer los macarrones". "Lo he tirado señora" -le respondo- por lo cual se enfada y me echa lo perros, diciéndome que no se me vuelva a ocurrir a tirar el caldito, ya que se puede aprovechar para hacer una buena sopa ¡Hay que joderse, que a este aguachirri se le llame caldito!

Llaman a la puerta, seguro que es el chico del "súper" y yo con "la batita de rayas"; qué vergüenza, la señora me ha dejado bien claro que no le de propina. Vieja tacaña.

Llegan el señor y el señorito; el señor es bastante amable, siempre tiene unas palabras agradables que decirme, el señorito ni me mira y ni falta que me hace. Sólo de acordarme de sus calzoncillos me entran escalofríos. Nos sentamos a comer, ellos en el salón y yo en la cocina, con mi "batita de rayas". De repente suena el timbre, me dirijo hacia el salón y la señora me dice que se me ha olvidado poner la jarra de agua. Después de llevarles el agua vuelvo a sentarme a comer; unas lagrimas quieren hacer asomo en mis ojos y, al final, no las puedo contener, resbalan por mis mejillas.

Termina mi jornada de trabajo, me quito "la batita de rayas" y me planto mi camiseta con los vaqueros. En el autobús, de camino a casa y con otra hora por delante para reflexionar sobre la jornada, pienso que hoy, al menos, la señora no se ha desabrochado su batita de seda para enseñarme sus pechos y decirme que, para tener sesenta años, tiene unos pechos estupendos.

Me maldigo a mi misma por no haber estudiado.

"Fingiendo un orgasmo"

Tengo un cansancio tremendo, he tenido un día espantoso, lo único que me apetece hacer es meterme en la cama y dormir y dormir… hasta que vuelva a sonar el despertador para comenzar otra dura jornada.

Cuando intento dormir, llega mi marido con ganas de guerra "¡Madre mía, a ver cómo le digo yo a éste que no me apetece!" Pienso en cuántos días hace que no practicamos sexo ¿la última vez fue? uf, no lo recuerdo. Quizás quince días, la verdad es que no hace tanto tiempo, al menos para mí.

Comienza a acariciarme, a besarme, y pienso que, al menos, me relajaré y dormiré mejor ¡ains qué pereza! Después tendré que levantarme al baño, bueno, venga, lo intentaré. Todo sea por no escucharle.

Ya entrados en faena no puedo concentrarme y me viene a la cabeza que se me ha olvidado poner en agua los garbanzos para hacerlos al día siguiente, y que mi jefe está un poco pesadito y mañana no me va dejar parar. Bueno, voy a intentar concentrarme, este pobre está muy entusiasmado y se está empezando a dar cuenta de que estoy algo fría.

¡Joder! Se me ha olvidado comprarle a la peque el compás que necesita mañana para el cole; mientras tanto, mi marido sigue con la faena y con un gemido le invito a que continúe.

Cuando la faena está en pleno auge no me queda más remedio que fingir para que termine lo antes posible, para poder bajar a la cocina y poner los garbanzos a remojo.

"Sigue, cariño, sigue; así, así, que lo estás haciendo muy bien ¡uhm! Sigue sigue¡¡¡ay!!! Sigue, que llego, que llego, uhm! Como la siento, como me gusta uhmm!" Joder, qué pesado, lo que está aguantando, y cuando quiero que aguante me deja a dos velas. "Sí, así, así ¡uhmm! Venga, que llego, ahora, ahora…" Mis gemidos empiezan a subir de tono y entonces es cuando por fin se acabó el asunto ¡menos mal!

Me pregunta qué tal y le respondo que ha sido fantástico. "Como siempre cariño, estás hecho un toro". Él se queda más ancho que pancho por su gran hazaña y yo a lo mío, al baño a asearme, y a la cocina.

Llego al dormitorio y miro el reloj, es la una y media de la madrugada. Él ya está roncando y yo estoy tan despejada que voy a tardar en dormirme; "¡Joder! Hoy voy a dormir apenas unas horas por estar jodiendo. Mañana voy a estar jodidamente cansada."

Estos textos reflejan la ironía y el sarcasmo con los que yo me enfrentaba a diario. El gran sufrimiento, el dolor, la gran falta de autoestima, la negación de mí misma, la vergüenza, el miedo y el shock quedan reflejados allí muy claramente. Estaba llena de rencor, de odio y de resentimiento hacia todo el mundo, sin ser consciente de que todos esos sentimientos no eran más que mi propio dolor proyectado hacia los demás.

El gran desprecio que he sentido por mí no se ha hecho evidente hasta hace muy poco; un desprecio que no podía ver y que estaba oculto de manera inconsciente. Sé que aún hay cosas reflejadas que aún no consigo ver, soy consciente de ello, y por eso sigo sanando y creciendo.

Ahora puedo leer entre líneas y puedo sentir a una mujer hundida y sedienta de amor, una mujer frustrada que hacía cosas en contra de sí misma porque tenía miedo a sentirse abandonada; una mujer dolida y herida por lo que ella creía que era la vida; una mujer insatisfecha, avergonzada de sí misma, en fin… una mujer traumatizada intentando sobrevivir en un mundo que no lograba entender muy bien, y viviendo una vida que no quería vivir.

Me sentía orgullosa de ser una "súper woman", trabajaba, llevaba mi casa y estudiaba, sin darme cuenta de que apenas pasaba tiempo con mis hijas. Perdí siete años de la infancia de ellas opositando por obtener un trabajo en la administración, un trabajo en el que me rompí la cabeza estudiando para nunca lograr obtener una plaza fija. Afortunadamente, a día de hoy, me alegro.

Hacía cuatro o cinco cosas a la vez, me sentía como pez en el agua, me hacía sentir poderosa, me enorgullecía y por ello despreciaba a los hombres; necesitaba competir y quedar por encima de ellos, debido a mi gran falta de autoestima. Los despreciaba, sin embargo, no podía imaginar mi vida viviendo sola. Me aterraba con sólo pensarlo. No concebía mi vida sin estar al lado de un hombre, porque necesitaba su reconocimiento, necesitaba que me dijeran lo bella y valida que era, ese reconocimiento que todos buscamos desde niños. Claro está, que nunca llegó porque, entre otras cosas, las personas con las que he estado también lo buscaban. Ambos necesitábamos ser amados y aceptados.

Tenía pánico a estar sola, sin un hombre que me amara o lo que yo creía en ese momento que era sentirse amada.

Buscaba en ellos una estabilidad económica. Al igual que otras muchas mujeres he sido criada con esta creencia y esto crea un profundo miedo en muchas de nosotras, un miedo atroz a no poder ni saber sobrevivir económicamente sin ellos, y todas sabemos que esto no es cierto y que podemos hacerlo muy bien nosotras solas.

Lo que yo creía que era amar se había convertido en la insaciable búsqueda de un salvador para que me rescatara emocionalmente y supliera todas mis carencias afectivas.

Me gustaría aprovechar para decir algo sobre la lucha tan absurda de la mujer, y, porqué, no también del hombre. Intentando llevar todo el peso a cuestas, el trabajo, la casa, los hijos, gimnasio, y si todavía ves que te sobra algo de tiempo, te pones a estudiar, pues quieres superarte ¡Qué estupidez! ¡Ahora puedo verlo con tanta claridad! Nos negamos y maltratamos aceptando una vida que no nos satisface, y ni tan siquiera nos planteamos que podemos cambiarla. Sí cambiarla, porque lo merecemos y no somos máquinas.

Tanto los hombres como las mujeres hemos sido víctimas; a ellos se les ha hecho creer que tienen que ser "fuertes" y ambiciosos. Un hombre sensible está mal visto y esta tachado de maricón, con lo cual vive intentando aparentar lo que no es y siente intentando ser "superman" y simulando que no pasa nada, soportando y tragándose todo el dolor emocional, sin permitirse derramar ni una sola lágrima.

A nosotras, las mujeres, se nos ha hecho creer que también hay que ser fuertes y que, por ello, podemos con todo.

Por suerte para mí, esa mujer quedó atrás; no quiero decir que haya dejado de ser una mujer fuerte, quizás ahora lo soy más, pero no de la misma manera, sino amándome, respetándome y permitiéndome ser, en todo momento, vulnerable y sensible. La otra mujer fuerte que siempre me creí ser no era más que una mujer intentando encajar en unas ideas y creencias que la estaban llevando a su propia destrucción. Es por ello que deseo cambiar ciertas actitudes y pensamientos que ya no me sirven; un cambio que empieza por mí misma, por querer empezar a cambiar mi visión sobre mí y sobre la vida que deseo vivir. No quiero seguir atada a mi pasado; ahora sé que soy una mujer muy valiosa y una madre maravillosa que no quiere seguir siendo víctima de sus vivencias. La vida es hermosa y merece la pena ser vivida con total libertad.

Durante muchos años me sentí víctima del mundo y de la vida, culpando a todos de las desgracias que me ocurrían. No entendía cómo podía tener tanta mala suerte. Hoy sé que tenía una gran venda en mis ojos. Quitarme esa venda ha sido fantástico, ya que he podido descubrirme y descubrir que todos somos seres con un poder ilimitado.

Quiero dejar muy claro que este libro no es una crítica a la educación que nos inculcaron padres, familia, educadores… puesto que cada uno lo hace como mejor sabe y todos hemos sido y somos víctimas de esta sociedad; lo que sí quiero dejar muy claro es que la educación que hemos recibido ha sido pésima y que es necesario que cambie para que podamos seguir evolucionando. Debemos asumir nuestros errores sin culpabilizarnos por ello; el mundo ya no puede continuar así, demasiada violencia, demasiada destrucción, demasiado odio hacia nosotros mismos y hacia los demás.

Todo lo que nos rodea no es más que un reflejo de lo que habita en nuestro interior; de nada te servirá que intentes cambiar lo de afuera, pues no lo conseguirás, debemos empezar por nosotros mismos. Si lo haces comprobarás que es cierto y que, poco a poco, las personas de tu entorno te lo agradecerán e irán haciendo lo mismo. En mi proceso, he sentido y he podido comprobar que sólo puedo ayudar a mis hijas reconociendo y sanando todo lo que habita en mi interior.

La manera que tenemos de relacionarnos con el mundo que nos rodea es la misma manera que tenemos de relacionamos con nosotros mismos, por lo tanto, observa cómo te relacionas con tus hijos, padres, amigos, familia… y verás cómo ese es el trato que tienes hacia ti mismo. No puedo culpar a nadie de lo acontecido en mi vida, ni a mis educadores y mucho menos a mis padres, que me han educado como mejor han sabido, trabajando mucho para que no nos faltara de nada. Han sido los mejores padres que he podido tener para poder crecer y evolucionar.

Con todo esto, quiero dejar claro que el cambio es posible, tan sólo tenemos que hacernos conscientes de las viejas y profundas heridas que no nos dejan seguir hacia adelante.

45

Por la educación se debe amar,
por la educación se debe 'morir.'

3

La educación

La educación es el arma más poderosa para cambiar el mundo.

Nelson Mandela

Los adultos nos hemos convertido en adultos funcionales. Ser adulto funcional es muy importante, requiere de mucho esfuerzo, de lucha, de negación de uno mismo, de dejarse llevar y arrastrar por lo que opinen los demás, pues lo principal es quedar bien ante todo y todos, porque ser criticado y juzgado por nuestros sentimientos y creencias se ha convertido en el plato fuerte de cada día. Si te amas y te respetas estás loco, y estar loco está mal visto en esta sociedad; quererse está mal visto, ansiar la libertad de espíritu es estar loco, querer disfrutar de uno mismo y de la vida es estar loco. Es de cuerdos no respetarse y dejar que los demás decidan por ti, que invadan tu vida, tu intimidad y tu LIBERTAD.

Vivir con total libertad implica salirse de las normas y ¿quién se atreve a salirse de las normas? ¿Te atreverías a hacerlo? O, por el contrario ¿Tienes miedo al qué dirán? ¿Miedo a ser rechazado? ¿Miedo a que te juzguen? ¿Miedo al abandono?"

Nos inculcaron tantos miedos en nuestra infancia que somos incapaces de dar un solo paso sin buscar la aprobación de los demás.

¿Cuánto tiempo hace que has dejado de hacer lo que verdaderamente sientes?

¿Durante cuánto tiempo más vas a seguir negándote a ti mismo por complacer a los demás?

¿Cuántas cosas no haces por miedo al fracaso y al ridículo?

¿Para qué necesitas la aprobación de los demás?

Ser niño en esta sociedad no es importante, de hecho, son tan poco importantes que los tenemos todo el día delante del ordenador, la televisión, móviles y todo tipo de tecnología que no está más que puesta estratégicamente para destruir el gran potencial que llevan dentro.

Queremos hijos llenos de cultura, cuanta más mejor, cucharadas y cucharadas de cultura, hasta que se atraganten.

De pequeños, y con apenas tres años (eso los que han tenido la suerte de no ir a la guardería), los llevamos a una fábrica llamada escuela, en la que los niños pasan por todo tipo de maquinarias y artilugios para moldearlos y hacerlos según lo indica el fabricante; una fábrica que acaba haciendo chicos obedientes y que los incapacita para decidir y elegir qué es lo que sienten y quieren hacer. Llenamos a nuestros hijos de una cultura inservible que lo único que consigue es anularles, más aún, es como llenar una caja que está vacía, llenarla por llenar y sin importarnos si, realmente, ellos quieren aprenderlo, todo con tal de satisfacer nuestras expectativas y no las de ellos. Las expectativas de ellos dan igual ¿acaso nos interesa lo que ellos piensan y sienten? No. Sólo nos interesa lo que nosotros sentimos como máquinas y no como seres humanos, pues, anteriormente, nosotros también pasamos por la misma fábrica.

No les dejamos expresar la gran creatividad que tienen por los mismos miedos que tuvimos y que aún habitan en nuestro interior. Sólo interesa que tengan buenas notas para agradar a los padres, educadores y a la sociedad en general, pagando por ello un precio muy alto: renunciar a sus sueños y a su libertad.

Hemos creado una educación donde tan sólo se ve la nota final y no lo que el niño siente. Se convierten en un número, con la etiqueta de válido, torpe, mediocre… tantas etiquetas como "el maestro" decida poner, ya que él, en su momento, también las padeció. Una educación impuesta por un sistema que quiere adultos aborregados y que no quiere que descubran el gran potencial que tienen, ya que descubrirían que pueden ser libres, y esta sociedad no quiere seres libres.

¿Alguna vez le preguntaste a tu hijo qué es lo que le motiva y qué está dispuesto aprender? ¿Lo hicieron contigo? ¿Te consultaron tus padres qué es lo que tú querías aprender? ¿Y a ellos? Muchos de ellos no tuvieron la oportunidad, puesto que empezaron a trabajar siendo niños.

¿Alguna vez has sentido si de verdad escuchas a tu hijo con el corazón, sin creerte mejor que él? ¿Y a tus padres, los escuchas y hablas con ellos sin creerte mejor que ellos?

Nos creemos mejor que nuestros padres, cuanto más de nuestros hijos, y por ello nada de lo que puedan decirnos cobra la mayor importancia. Ellos están aquí para obedecer sin que nos cuestionen ¿por qué? Pues porque no sabemos hacerlo de otro modo, no sabemos tratarles con amor y el respeto que se merecen, pues tampoco lo hicieron con nosotros y, a su vez, tampoco lo hicieron con nuestros padres, y así, anteriormente, con todos nuestros ancestros.

Para saber qué educación les estamos dando a nuestros hijos debemos ser conscientes de lo que vive dentro de nosotros y de si quieres saber lo que vive dentro de ti; échale un vistazo a tu infancia: ¿Tuviste unos padres o educadores amorosos que te enseñaran a creer en ti? ¿Te enseñaron lo que es el respeto hacia ti mismo?

¿Fuiste acogido por ellos cuando de verdad lo necesitaste o te sentías solo y desprotegido emocionalmente?

El ser humano está lleno resentimiento y de rabia porque se está negando continuamente. No aceptamos nuestra realidad y nuestra realidad es que no sabemos por dónde coger las riendas de nuestra vida, ni qué hacer. No sabemos definir nuestros proyectos y tampoco ponerles límites a nuestros amigos, jefes, hijos, padres… con amor, respeto y firmeza.

¿Y a tu pareja? ¿Le compartes tu dolor y tus miedos? ¿Te gustaría decirle lo que de verdad sientes en tu soledad, expresarle lo mal que te sientes cuando te sientes abandonado por ella, decirle que sientes pánico porque te da miedo estar solo/a y lo difícil que es para ti depender de él o ella?

¿En realidad crees que te estás mostrando según eres al mundo? ¿Y ante tus hijos? ¿Cómo te estás mostrando a tus hijos? ¿Cómo de verdad sientes?

Delante de cada persona, y según quien, nos ponemos una de nuestras máscaras, representando un papel para no mostrarnos tal y como somos, ya que nos da miedo mostrar nuestra vulnerabilidad. Nos da tanto miedo a que nos vean tal y como somos que preferimos tapar lo que somos con una buena máscara y un buen disfraz.

Tenemos miedo a que nos juzguen, a que nos den de lado, a sentirnos abandonados, a quedarnos solos, pues, en el fondo, no sabemos estar con nosotros mismos. No sabemos sostener todo el dolor que llevamos cargando en nuestro interior desde nuestra infancia. Un dolor que es completamente inconsciente y dejamos de ser vulnerables, pues fuimos rechazados y avergonzados por ello.

Ser padres… ¡Qué gran responsabilidad y qué gran inconsciencia! La mayoría de los padres decidimos tener hijos, pues deseábamos llenar el gran vacío que teníamos dentro; un vacío que nos acompaña desde siempre y que primeramente intentamos llenar con nuestra pareja y a continuación con nuestros hijos. Ser padres es un estar consciente todo el día para saber qué valores les estamos inculcando y qué les estamos transmitiendo a través de nuestro comportamiento y nuestra actitud frente a la vida.

Inconscientemente le transmitimos todos los patrones que hemos ido adquiriendo a lo largo de nuestra vida.

Observa lo que haces y te darás cuenta de que muchas de las cosas que tus padres hacen o hicieron están en tu rutina diaria: mismas creencias, pensamientos, mismo trabajo, misma relación de pareja. Y esto, en algunos casos, sí que cuesta admitirlo, pues tienes la total certeza de que tu relación es mejor que la de ellos, pero, no te engañes, en el fondo de tu corazón, sabes que no es cierto y estás sufriendo las mismas carencias que ellos, aunque visiblemente parezca que no. Sabes que tus necesidades no están cubiertas y que desearías una relación más abierta y sincera, pero para ello tenemos que permitirnos sentir nuestra vulnerabilidad y esto no sabemos hacerlo, ya que de niños echamos el cerrojo a nuestra vulnerabilidad, dejándola encerrada.

El día que fui consciente del legado que les estaba transmitiendo a mis hijas sentí puñales en mi pecho, vi mi reflejo en ellas, vi cómo intentaban complacerme para sentirse queridas y aceptadas por mí, vi como compensaban para no sentir su propia frustración, y si ya es doloroso verlo en uno mismo, imaginaos, cómo es ver y sentir que todo lo que son, lo son por tus enseñanzas y creencias. En el fondo de mí pude observar que nunca me había interesado por lo que sentían, pues, aunque las tenía frente a mí, no las veía, ya que nunca había dejado de mirar mi propio ombligo. Nunca vi sus cualidades, pues nunca supe ver las mías. Duro, pero real.

Vi como, día a día, desde que nacieron, intenté cambiarlas para adaptarlas a mí, a lo que yo sentía y creía como cierto. Decidí cambiar todo eso y, aún así, seguía haciéndolo, porque, aunque me había dado cuenta de que las había negado, ahora lo seguía haciendo desde un punto de vista más "espiritual", puesto que quería enseñarles y transmitirles todo lo que estaba sintiendo y aprendiendo, en mi afán de hacerlo mejor como madre, pues me costaba admitir que seguía haciéndolo igual. Seguía sin escucharlas y sin tener en consideración lo que ellas sentían, puesto que nos hemos creído que ser padres es imponer a nuestros hijos lo que nosotros hemos creído mejor para nosotros. Me di cuenta de que ser madre es respetar, en todo momento, lo que sienten nuestros hijos. Saber ponerles límites con firmeza y amor, y me di cuenta de que no sabía, y de que aún sigo sin saber, y que estoy aprendiendo. Lo que sí tengo claro es que ya soy consciente de ello y que lo más importante es que, entre las cuatro, vamos aprendiendo a respetarnos, cometiendo errores, pues de los errores siempre se aprende.

Estoy aprendiendo que no hay padres perfectos, y que el mito que nos han vendido de que unos padres deben ser endulzadamente amorosos no es más que una mentira que nos han vendido, para vivir con la eterna culpa y que para lo único que nos sirve es para manipularles inconscientemente. Ahora bien, es tan sutil el grado de manipulación hacia nuestros hijos que no nos percatamos, intentamos que nos complazcan, y, si no lo hacen, ya no son buenos chicos; si no hacen lo que les mandamos son rebeldes, y el rebelde, en esta sociedad, no tiene nada que hacer, está tachado de sinvergüenza, de inculto, de vago y no sé de cuántas barbaridades más que no quiero seguir alimentando.

Para mí, ahora, realmente el verdadero problema que se me presenta con mis hijas es que sean obedientes y sumisas para que no desarrollen su potencial y su creatividad. No quiero hijas sumisas, quiero hijas que me cuestionen, siempre desde el amor y el respeto, por supuesto, que investiguen, que pregunten. Quiero hijas libres de espíritu, que se respeten, que se equivoquen, que sopesen cuáles pueden ser las consecuencias de sus decisiones. Yo, como madre, estoy aquí para orientarles y decirles cuáles pueden ser las consecuencias de las decisiones que tomen, pero no para tirar por tierra sus inquietudes y sus sueños a través del castigo y la manipulación porque me cueste sentir la impotencia de no poder ayudarles.

Para mí ha sido de vital importancia empezar a aprender a respetarme y ver la verdad tal y como es en este momento y no como la querría ver en mi proyección mental. Me ha costado ver y sentir todo lo que les he transmitido y lo que más me ha costado ha sido aceptarlo, pues para ello he tenido que reconocer mis errores ante ellas, quitarme una de mis tantas máscaras y mostrarme vulnerable, algo muy difícil, pues a los padres nos han enseñado siempre que la razón está de nuestro lado.

He tenido que aceptar todo lo acontecido a lo largo de mis años como madre, aprender a perdonarme, pues no he sabido hacerlo de otro modo. No me enseñaron, con lo cual debo aceptar mis errores y no intentar sacudirme de ellos, ignorándolos, por mantener el tipo ante mis hijas.

Hoy en día, estoy aprendiendo a ser madre y, aunque hay momentos en los que me resulta muy difícil, siempre entre las cuatro salimos adelante. Deseo que nuestra vida esté llena de plenitud y de dicha, porque lo merecemos, y así lo siento, merecemos todo lo mejor por el hecho de ser seres humanos.

Es ahora cuando estoy aprendiendo a descubrirme, respetándome, y sabiendo qué es lo que quiero en cada momento, sin negar lo que siento por miedo a quedar bien ante los demás. Por miedo a ser juzgada porque no esté bien visto lo que haga. No quiero quedar bien ante nada ni ante nadie, tan sólo ante mí misma, porque, cuando llegue el momento en que deba valorar lo que esté haciendo, quiero ver que todo lo que he hecho en estos años que me quedan por vivir sea porque lo haya decidido yo, no la sociedad. Es hoy que quiero crear mi realidad para mañana, y mi realidad para mañana deseo que esté llena de amor y de respeto hacia mí misma, pues es el gran legado que les dejaré a mis hijas.

Es mi deseo como madre escribir este pequeño cuento; un cuento en el que quiero reflejar todo lo que siento y he aprendido en estos cuatro últimos años; años que han sido muy duros y reveladores, pues están cambiando mi vida hasta tal punto que he cogido la suficiente fuerza y el suficiente coraje como para plasmarlo en este pequeño libro, un libro en el que quiero aportar parte de mi aprendizaje para empezar a crear mi gran sueño y proyecto: una escuela en la que se ayude al ser humano (especialmente a los adolescentes) a desarrollarse como persona, donde se le enseñe a conectar con su cuerpo, a conocerlo y a sentirlo, a comunicarse con amor y respeto, donde se aprenda a disfrutar de una sexualidad consciente, a ser padres y, sobre todo, a respetarse y a amarse.

Una escuela en la que aprendamos y cojamos las suficientes herramientas para caminar a lo largo de nuestra existencia y así poder transmitirles a nuestros hijos lo mejor de nosotros mismos; una escuela que nos enseñe a cortar de raíz todas las enseñanzas que hemos recibido hasta ahora y que entorpece nuestro nuevo camino. Una escuela basada en potenciar nuestra sabiduría interior, donde haya una profunda cohesión entre educador, padre y alumno. Donde se nos enseñe a crecer y a evolucionar a los tres juntos. Todos estamos involucrados en el cambio, por lo tanto, debemos implicarnos en nuestro crecimiento interior. Una escuela que nos ayude a recordar los sueños e inquietudes que teníamos siendo niños y que sepa guiar nuestro corazón hasta "el cubo de los sueños".

"El cubo de los sueños" es un cubo del color del arco iris. Es grande, muy grande, y de su mismo tamaño. Seguro que si miras en él y le echas un vistazo verás montones de sueños. Cierra los ojos, introduce tu mano en él y coge uno de tus sueños, imagínalo, visualízalo y luego te invito a que lo recrees, que te veas realizándolo y alcanzándolo. Sólo tienes que saber soñar despierto y sentirlo por todo tu cuerpo, pero ten mucho cuidado, puede ser que aparezca el lobo feroz, él siempre está acechando, y te dirá que eso no está bien, que soñar es de locos y te sentirás amenazado, no querrás que te hiera y te desplace y por ello serás capaz de renunciar a tus sueños, todo por sentirte aceptado y querido por él. A cambio te dará unas migajillas de amor o de lo que tú crees que es amor. Puedes permitirle que te acompañe hasta el fin de tus días y seguir viviendo la vida que llevas hasta este momento o, si lo deseas, puedes enfrentarte a él y decirle que tus sueños son más fuertes que él, por lo tanto, se sentirá débil y sin argumentos. Tú decides cómo quieres vivir, no lo olvides.

Muchos somos los que no fuimos apoyados ni respetados y los que recibimos una educación nefasta; en mi caso, encima en una escuela privada. Algunas personas pensarán que exagero, pero eso sólo depende del nivel de conciencia de cada uno. (No culpo a mis padres, pues la educación ha sido igual en todos sitios, da igual pública que privada. Ellos deseaban la mejor educación para mí).

Niños que fuimos tachados de rebeldes, torpes, y vagos. A los que no se nos dio la oportunidad de ser escuchados, pues no teníamos nada importante que decir ni que aportar; niños que fuimos arrastrados hasta el final de la fila porque en el principio de ella sólo se les estaba permitido estar a aquellos que eran inteligentes;

chicos obedientes que no daban problemas y que resultaban más fáciles de manejar. Se nos hizo creer que no valíamos para estudiar y se nos hirió en lo más profundo de nuestro corazón.

Es mi deseo como madre y como persona aportar todo lo que estoy aprendiendo. Quiero compartirlo para transmitirles a todas las personas que se sientan identificadas con lo aquí escrito, que no fueron ni son lo que se les hizo creer, sino todo lo contrario: fueron unos chicos muy sensibles, llenos de ternura y de sensibilidad a los que no se les supo guiar. Tú no eras el problema, el problema era la educación que recibiste, el gran problema es que no nos enseñaron a desarrollar nuestras cualidades y a potenciar el poder que llevamos dentro. Todo ser humano tiene un talento único y especial, todos tenemos la misma inteligencia, la misma belleza, la misma sensibilidad, y debemos ser conscientes de que cada uno ha venido a expresarlo de diferente manera, de que en este pequeño planeta hay para todos, y que ha llegado el momento de descubrirlo y de descubrirte. No dejes que tus creencias te limiten.

Somos luz en el camino,
luz alumbrando nuestro destino.

59

Cuento

Para el burrito interior que llevamos dentro.

60

*Te pusieron un disfraz, cortaron tus alas y
perdiste tu libertad.*

Una vez, erase una ciudad llamada Castración. Era una ciudad muy peculiar, ya que cada vez que nacía un nuevo miembro se vivía con mucha expectación debido a que las criaturas que nacían no tenían ningún rasgo físico que se pareciera a los de sus padres y esto les preocupaba en exceso. Nadie lograba entender este hecho. Aún así, guardaban la esperanza de que algún día todo cambiaría.

Claro está, que para remediar esto tenían una gran escuela en la que todos y cada uno de los chicos eran transformados por el bien de la ciudad y por el de todos ellos.

En la escuela se les avergonzaba y se les enseñaba a competir, se fomentaba el desprecio hacia uno mismo, subrayándoles sus fracasos y deteriorando su autoestima. Las clases estaban llenas de rutina y no se les estaba permitido expresar su creatividad, su opinión ni sus ideas, pues consideraban que eran absurdas. Los "buenos" eran alabados y los "malos" reprimidos y avergonzados por ello. El objetivo era cambiarlos para que se parecieran a ellos, y lo conseguían ¡vaya que si lo conseguían! Cuando terminaban la escuela y debían ir a la universidad (no todos) los "maestros", muy orgullosos, les entregaban los títulos, títulos que los definían muy claramente como torpes, mediocres y válidos. Por fin habían podido transformar a los chicos en adultos funcionales, adultos importantes. Se les había educado para que se olvidaran por completo de sus necesidades y, por supuesto, de la magia y la chispa que vivía en ellos cuando eran pequeños.

A las afueras de esta pequeña ciudad vivía Burro. Era barrendero, un trabajo del que no se sentía muy orgulloso, ya que debía aguantar las miradas y reproches de sus vecinos. Burro creció en un ambiente falto de amor y comprensión, se sentía profundamente avergonzado; sentía vergüenza de su cara, de su caminar, de su risa. Sentía tanta vergüenza de sí mismo que decidió aislarse de todo y de todos.

Su paso por la escuela fue doloroso y amargo. El título que recibió al terminar la escuela fue el de "TORPE". Sus inteligentes y bien avenidos maestros nunca se cansaron de decirle: -"Eres vago, Burro", "eres torpe Burro", "no te mereces nada", "no tienes constancia, Burro" "¿Cuándo te darás cuenta de que en la vida hay que luchar mucho para ser alguien y conseguir lo que quieres?"- Frases que, día tras día, se fueron grabando, a golpe de martillo, en su mente y en su cuerpo. Con el paso del tiempo, creyó firmemente en lo que le dijeron y nunca se permitió cuestionarlo, ya que él era un burro bastante torpe e inepto al que nunca nadie tendría en cuenta debido a su escasa inteligencia. Fue asumiendo que su vida era, justamente, lo que le había tocado vivir.

No dejaba de preguntarse, una y otra vez, por qué su vecino León tenía tantos privilegios sin hacer nada; por qué Delfín era tan sumamente inteligente, por qué Caballo era tan hermoso y por qué Oso era tan fuerte y él tan torpe e imbécil ¿Por qué su vida era tan triste y amarga? él no había hecho nada para merecer tanto desprecio y abandono.

Todos los días, al sonar el despertador, Burro comenzaba una dura jornada. Todo estaba programado: desayuno, trabajo, comida, vuelta al trabajo, paseo, cena, televisión, dormir…. Así durante los siete días de la semana. Cada noche, al mirar las estrellas, solía soñar que algún día todo cambiaría y ya nada sería igual; pero ese día nunca llegaba, y cada noche iba a dormir, vencido por la rutina y la desesperanza.

Un buen día, como uno de otros tantos después de una dura jornada de trabajo, paseando por las afueras del bosque, decidió sentarse a descansar al lado del riachuelo, en un viejo tronco. Ese día, Burro estaba especialmente desanimado y no sabía qué hacer con su vida. En el fondo de su corazón algo le decía que la vida no podía ser todo aquello que vivía; su vida no podía ser el gran escobón con el que barrer las calles de su ciudad y no podía estar llena de tanta amargura y soledad.

De repente, se sobresaltó al ver cómo alguien se sentaba al otro lado del tronco. Parecía un hombre tranquilo y sosegado, de mediana edad, ojos negros y brillantes, con una mirada profunda y serena. Rudo, sencillo y elegante a la vez, con una mandíbula muy pronunciada y nariz aguileña. Su pelo negro y canoso caía sobre sus anchos hombros, su cuerpo era de complexión fuerte y de gran altura.

- "Buenas tardes" -dijo con un tono de voz sereno y tranquilo-.

-"Buenas tardes" -dijo Burro asustado-.

-"Disculpa, no era mi intención asustarte. Mi nombre es Galilah. Suelo venir y sentarme en este viejo tronco para disfrutar del atardecer ¿Es hermoso verdad?"-.

Galilah respiró profundamente y un agradable silencio los acompañó.

- "No te había visto nunca por aquí ¿Cuál es tu nombre?"-.

Burro no dio importancia a sus palabras, estaba tan preocupado por cómo se sentía que no era capaz de percibir el atardecer tan hermoso que tenía frente a sus ojos.

- "No te escuché, disculpa ¿qué me has preguntado?"-.

- "Tu nombre"-.

- "Ah, soy Burro"-.

- "¿Burro?"- preguntó Galilah- "¿Qué clase de nombre es ese?"-.

- "El mío" - dijo en tono sarcástico – "¿Nunca has visto a un burro? ¿Es que no ves mis orejas? ¿Ves mis patas delgadas y feas? ¿Y mi boca? Es grande y muy fea ¿Ves mis dientes? ¿los ves? son demasiado grandes y mis manos también, además de torpes ¿las ves? míralas ¿las ves? y mis patas son largas y huesudas"-.

Galilah pudo ver en él a un chico herido en lo más profundo de su corazón y de su ser, un chico al que las circunstancias de la vida le habían llevado a odiarse a sí mismo. Pudo verse reflejado en él años atrás.

-"Si, sí; he visto muchos, pero ninguno como tú, no puedo ver nada de lo que tú me dices. Veo a un gran hombre, muy sensible y con mucha fuerza y coraje"-.

- "¿Un hombre con fuerza y coraje? ¿Te estás riendo de mí? No entiendo lo que quieres decir"-dijo Burro confuso y algo enfadado, pensando que estaba un poco loco-.

-"Eres lo que tú sientas; si te sientes burro eso es lo que serás toda tu vida. Tienes tan arraigada esa creencia que llevas toda tu vida creyéndote que eres un burro"-.

- "¿Qué estás insinuando, que soy burro porque quiero? Yo no quiero ser burro, pero lo soy, así he nacido y las circunstancias de mi vida así lo han querido. Yo no puedo hacer nada frente a eso. Me gustaría ser tan inteligente como Delfín, tan hermoso como

Caballo y tan fuerte como Oso; pero nací como burro y como burro moriré. Es triste, pero es así.

-"Solo tus creencias te limitan, tú y sólo tú tienes la libertad de decidir qué o quién quieres ser; solo tú decides hacia dónde quieres caminar; solo tú decides dónde quieres vivir, si en tu doloroso pasado o en tu incierto e imaginario futuro. Tú y solo tú estás capacitado para hacerte responsable de ti mismo y tomar las riendas de tu vida de una vez y para siempre"-.

Burro no entendía nada de lo que le decía y decidió alejarse e irse a descansar. El día había sido muy largo y agotador y no estaba dispuesto a escuchar a ningún loco. Como cada noche, se quedó dormido frente al televisor, soñaba que era una nube que se movía con suavidad por el amplio y extenso cielo; flotaba y flotaba y se dejaba llevar por el viento. De repente, comenzó a cobrar forma y se convirtió en un gigantesco dragón con la piel de color bronce. Su cabeza era brillante y coronada, con una gran cola en forma de serpiente y unos grandes cuernos que sobresalían de su espalda, unas enormes alas y cuatro garras, cada una provista de cuatro uñas. Lo describían como un dragón bastante fuerte y poderoso. Sobrevolaba la ciudad y con su fuego arrasaba todo lo que iba dejando a su paso, las casas de sus vecinos, la escuela, la vieja iglesia… La venganza se cernía sobre toda la ciudad. De repente, se vio ante un anciano y débil burro que estaba arando en el campo, éste, atemorizado, cayó al suelo y el poderoso dragón se situó frente a él y, moviendo sus inmensas y poderosas alas, le decía al anciano burro: -"¿Y ahora qué? Ahora ya no puedes hacerme daño, eres viejo e inútil y yo soy fuerte y poderoso, podría destruirte en apenas unos segundos si quisiera ¿qué me hiciste? -le preguntaba- ¿Qué me hiciste?"-. El débil y anciano burro se levantó e intentó correr, pero su piernas eran demasiados viejas como para hacerlo, cuanto más débil se sentía él más fuerza cobraba el dragón. Acerco sus garras a su cuello y le grito: -"¿Por qué? ¿Por qué? ¿Qué te hice para que me odiaras tanto padre?"- Y, acercándose a él, abrió su boca para escupirle su fuego y su odio…

Burro despertó asustado, empapado en sudor y temblando; no podía creer lo que había soñado. Parecía tan real… intentó volver a conciliar el sueño, pero le fue imposible, un profundo miedo se apoderó de él aquella noche.

Al día siguiente, demasiados recuerdos venían a su mente. Recordaba cómo en la escuela la señorita Hiena le ridiculizaba, podía sentir la mirada lasciva de su vecino, el señor Puerco, preguntándole si ya tenía vellos en sus genitales, intentando tocarle. El enfado y el rencor de su padre volcado hacia él y la indiferencia de su madre ante todo esto. Cansado de tantos recuerdos, decidió dar un paseo por el viejo bosque, seguro de que sentado frente al riachuelo se sentiría mucho mejor. Allí estaba de nuevo Galilah, sentado en el viejo tronco.

-"Buenas tardes"-.

-"Buenas tardes" - contestó Galilah- "¿Cómo te sientes hoy?"-.

-"¿Cómo dices?" - preguntó burro.

-"¿Qué cómo te has sentido hoy?"-.

-"¿Qué clase de pregunta es esa? Nunca nadie me hizo una pregunta así"-.

-"Lo sé, no es agradable mostrar los sentimientos y la mejor forma de evitarlo es no haciendo preguntas comprometidas"-.

- "¿Sentimientos?"-.

- "¡¡¡Uhmmm!!! Veo que vamos a tener mucho de qué hablar"-.

- "¿Hablar de qué? ¿De sentimientos? "-preguntó Burro-.

- "Los sentimientos es lo que sientes por tus padres, hermanos, amigos, cuando estás al lado de una chica bonita e inteligente…"-.

- "Bonita e inteligente…" - dijo Burro con cierta tristeza y melancolía.

Tenía recuerdos duros y dolorosos, recordó cómo se sintió al saber que Burrita le había traicionado, se sintió abandonado cuando él más la necesitaba, su corazón se atragantó de nuevo y sus ojos se humedecieron, su pecho le quemaba y su garganta le ahogaba, sentía el mismo dolor de aquel día cuando descubrió a Burrita abrazada a los lomos de Caballo. Rebuznó fuertemente y una coz apartó a Burrita de su vida para siempre. No entendía cómo ella pudo olvidar la promesa que se hicieron. Se prometieron amor eterno, hasta el final de sus días. ¿Por qué? se preguntaba una y otra vez ¿por qué?

Se prometió a sí mismo que nunca sufriría y que nadie le volvería hacer daño, evitando sentir así el profundo dolor que le producía su perdida. No quiso saber de ella y nunca más quiso volver a abrir su corazón a nadie. No quería ni merecía ser amado.

- "No quiero compartir mi vida con nadie" -dijo Burro con cierto rencor – "las burritas bonitas sólo desean burros con mucho éxito"-.

- "¿Y que se supone que es ser exitoso?"-.

- "Exitoso es el ganador, el que tiene un buen trabajo, un buen coche, una gran casa, ya sabes… dinero…"-.

- "¡Ah, éxito! ¿Te refieres a estar trabajando 18 horas al día en un gran despacho, ganando mucho dinero del que no puedes disfrutar porque te pasas el día entero en la oficina y una chica bonita a la que sólo los demás podrán admirar porque tú estarás tan ocupado que no podrás compartir tu tiempo con ella? ¡Qué bonito éxito!" -dijo Galilah pensativo-.

-"Sí, es lo que desean ellas ¿O crees que querrán estar al lado de un burro ignorante y feo como yo?" -dijo Burro muy dolido-. "-Quieren sentirse protegidas y amadas por alguien fuerte y capaz de sostenerlas. ¿Crees que yo puedo sostener a alguien con estas patas tan ridículas y este sueldo tan miserable? Buscan estabilidad y yo no puedo ofrecerla"-.

- "El éxito" -Galilah respiró profundamente – "El éxito es ser y hacer lo que uno siente desde lo más profundo de su ser, siendo fiel a sí mismo. Éxito es ser y no tener, el éxito no viene por lo que tienes, sino por lo que eres y sientes en lo más profundo de ti. Y cuando tú tienes éxito nada de lo exterior cobra importancia. Cuando te sientes exitoso nada ni nadie puede arrebatarte lo que tú realmente eres, pues el verdadero éxito está en amarse a uno mismo y en aceptarse tal y como uno es, y eso te llevará a hacer lo que verdaderamente sientes y te hace feliz"-.

-"Ser feliz, ja, ja" -dijo Burro en tono sarcástico- "¿Y qué se supone que es la felicidad?"-.

- "La felicidad eres tú, lo que vive dentro de ti, lo que vives cada día"-.

- "Pero yo no soy feliz"-.

- "Entonces, serás lo que vives"-.

- "¿Y cómo se puede alcanzar la felicidad?"-.

- "Aceptándote tal y como eres, la felicidad no hay que buscarla fuera"-.

- "¿Te refieres a que si me sintiera dichoso barriendo las calles de mi ciudad me sentiría feliz?"-.

-"Pues claro, siempre y cuando tú lo sientas así y siempre y cuando no te dejes engañar por tu mente. Todos tenemos muchos miedos y creemos que lo que hacemos nos satisface y la verdad es que detrás de todo esto hay un profundo miedo que nos impide hacer lo que verdaderamente sentimos de corazón, pues no creemos estar capacitados para hacerlo. Muchas personas se quedan estancadas y dejan de lado sus inquietudes porque tienen muchos miedos, miedo al qué dirán, miedo al fracaso, a brillar…"-.

- "Yo no me siento bien con mi trabajo. Me hace sentir indigno y fracasado"-.

- "Ser la persona que barre las calles de tu ciudad es un trabajo muy digno e importante. La ciudad debe mantenerse limpia y tú lo estás haciendo muy bien. Como tú te sientas no depende de tu trabajo, sino de ti. Cuando empecé con mi proceso de sanación comencé hacer talleres y formaciones. No había terminado una cuando ya estaba pensando en hacer la siguiente, hasta que un día me di cuenta de que la vergüenza que cargaba era tan profunda que, tuviera la formación que tuviera, me seguiría sintiendo igual. Tuve que parar y preguntarme qué estaba ocurriendo. Cuando creemos que un trabajo es deshonroso es, simplemente, una creencia absurda que proyectamos desde nuestro interior hacia fuera, va con lo que nosotros creemos que somos y como nos sentimos; son juicios, esto está bien o esto está mal, y no hay nada mejor o peor, sólo aprendizaje ¿Por qué barrer las calles es indigno? ¿Qué ocurre con ello?"-.

- "Me miran mal"-.

- "¿Quién te mira mal?"-.

- "Mis vecinos y toda la ciudad"-.

- "¿Está seguro o son tus propios juicios?"-.

- "No lo sé; ahora ya no estoy seguro"- dijo Burro confundido-.

- "Muchos piensan que determinados trabajos son indignos, quizás sea porque no se necesitan títulos para ejercerlos. Tengo un título y ya soy alguien. Esa es la educación que hemos recibido. Hay muchos trabajos que, al igual que el tuyo, no se necesita estar titulado para ejercerlos. Pero sí necesitan de un gran coraje para realizarlos. Tener un título no es igual a honradez, ni a inteligencia, ni a ser mejor o peor persona y al final ¿sabes qué? que todo depende con qué ojos los mires, pues todo es cuestión de percepción ¿Tienes otras inquietudes?"-.

- "¿A qué te refieres?-.

- "Que si te gustaría poder realizarte y dedicarte a lo que de verdad te satisface"-.

- "No sé qué otra cosa puedo hacer"-.

- "¿Qué pasa con tu creatividad?"-.

- "¿Creatividad? ¿Qué es eso?"-.

- "Es la forma que tenemos de expresar lo que sentimos y somos"-.

- "Yo… no tengo…"- su voz se torno triste y cansada-.

- "Por supuesto, todos la tenemos"-.

- "Tan sólo soy un simple asno al que todos aborrecen porque no tiene cultura"-.

- "¿Cultura? ja, ja, ja ¿te refieres a esa cultura que nos enseñan en las escuelas, en la que te llenan la cabeza de datos inútiles e inservibles y que sólo sirven para idiotizarnos y anular nuestra inteligencia y creatividad? Ja, ja, ja. Parte de esa cultura no sirve para nada. La educación es un arma de destrucción masiva creada por el sistema y que, apoyada por la sociedad, nos ha hecho creer que era lo mejor, sin que nos lo cuestionáramos"-.

- "¿Qué dices?" - preguntó burro muy asombrado – "Es necesario aprender para ser alguien de provecho en el futuro"-.

- "¿Crees que si hubieras estudiado todo aquello hoy serías otra persona?" -Dijo Galilah-.

- "¡Claro! No pude estudiar porque soy torpe"-.

- "¿Quién te dijo eso?"-.

- "Me lo repitieron una y otra vez en la escuela y en casa"-.

- "Y tú, lo creíste ¿verdad?"-.

-"Pues claro. Era incapaz de aprender, me costaba mucho estudiar. Cada vez que intentaba leer mi cabeza se iba a cualquier otro sitio y si, por alguna razón, algún día lograba aprenderme la lección, cuando debía exponerla, me paralizaba y mi mente se quedaba en blanco"-.

- "Eso, querido amigo, no es que tú fueras torpe, sólo es un síntoma de tus traumas"-.

- "¿Traumas? Nadie me dijo nunca que estuviera traumatizado. Eso es malo ¿verdad?"-.

- "No, el trauma sólo forma parte de la vida. Simplemente es así, si todos fuéramos capaces de aceptarlo, nuestra vida sería mucho más fácil y enriquecedora. Que tuvieras una educación pésima ha afectado a tu vida presente, a que te sientas cansado y sin ganas de vivir, avergonzado y sin ilusión. Te faltó una buena educación, una educación a tu medida"-.

- "¿Dudas de que mis maestros lo hicieran bien?"-.

- "No, no lo dudo. No es que fueran malos o buenos educando, tan sólo no supieron enseñar a un chico tan sensible y especial como tú. Tendrían que haberte preguntado qué necesitabas para motivarte y poder ayudarte. Si hubieran podido reconocer la impotencia de no saber ayudarte no te habrían juzgado tan fuerte, pero ellos no fueron más que otras pobres víctimas de esta sociedad. Ellos tampoco recibieron una buena educación"-.

- "¿Me estás diciendo que yo no tengo la culpa de no haber estudiado y que no es culpa mía haber sido más torpe que los demás?"-.

- "Nadie es culpable de nada; no existen ni chicos más listos ni chicos más torpes. Cada chico tiene diferentes necesidades y el educador tiene que estar preparado para poder guiar al chico/a y poder ayudarle a descubrir y potenciar su don, y, desgraciadamente, la gran mayoría de los educadores y maestros no están preparados para educar, pues a ellos/as tampoco se les enseñó. Nadie puede dar lo que no tiene, ellos/as no son conscientes de la educación que están dando. Si, por un momento, lo fueran, dejarían de hacerlo para siempre o cambiarían su forma de hacerlo. Esto no quiere decir que no haya buenos educadores, los hay, cada vez son más los que están empezando a concienciarse, pero aún son muy pocos, se necesitan muchísimos más.

Un buen educador es aquel que, a través de su trabajo y proceso interior, potencia los valores de los demás, pues él ya ha vivido y sentido lo mismo. El buen educador se respeta y respeta, comprende, habla y escucha al niño desde su corazón y no desde su ego. Un buen educador se adapta a las necesidades del niño y no el niño a las de él. Un buen educador ve en el niño a un gran maestro que le enseña a escuchar y a crecer cada día. Un buen educador se ama y se respeta a sí mismo por encima de todo y el respeto hacia uno mismo implica ser fiel a sus sentimientos y creencias, y esto es algo complicado, pues no sabemos quiénes somos realmente. No sabemos qué es lo queremos, pues estamos tan pendientes de vivir agradando a los demás para no ser juzgados y sentirnos abandonados que nos olvidamos por completo de lo que realmente sentimos y queremos. Y si esto es lo que somos, es lo que les estamos transmitiendo a los chicos. Les estamos enseñando a que no se respeten, que no se valoren. Están aburridos y desmotivados. Se les está instruyendo a través de sentarse seis o siete horas frente a una pizarra y frente a un educador que no sabe qué hacer y cómo motivarlos, pues a él tampoco se le motivó. No se le enseñó a amarse, ni tampoco lo que era la verdadera libertad. Por lo tanto, no puede transmitirlo y, por mucho que lo intente a través de las palabras, no podrá hacerlo, pues, en el fondo, lo que se les está transmitiendo es lo que cada uno siente y es. Si creemos que les vamos a convencer a través de palabras adornadas y sin sentido, estamos locos. Estos chicos son demasiado inteligentes y perceptivos. Estos chicos están aquí para que aprendamos de ellos. En su boca y en sus hechos hay mucha verdad, se quiera ver o no.

La educación no va a poder seguir, por mucho más tiempo, sorda y muda, de esto ya se están encargando nuestros hijos. Negar lo que nos están mostrando es negarnos a nosotros mismos"-.

-"Esto que dices suena muy bien" - exclamó burro – "Pero a mí ahora no me ayuda en absoluto, esto no me hace más listo, es más, no dejo de ser el mismo asno torpe del que todos se ríen siempre. No recuerdo nada de lo que me enseñaron en el colegio"-.

-"Es normal que no recuerdes nada. En el colegio no te enseñan a integrar, sino a aprender de memoria datos que olvidas en apenas unos días por falta de motivación e interés, ya que mucho de lo que se enseña no tiene sentido. Ahora míralo de otro modo, si tú hubieras recibido la educación apropiada ahora, seguramente, no estarías barriendo las calles de tu ciudad o, al menos, estarías feliz de hacerlo. De cualquier modo este no es tu caso. Vamos a intentar buscar el sentido a todo lo que has vivido: ¿Cual es la opinión que tienes ahora del sistema educativo?"-.

-"Que no vale para nada" - dijo burro bastante enojado-.

-"Vale, eso es lo que opinas ¿Y cómo te hicieron sentir?"-.

Burro se quedó bastante pensativo y dolido. Por su mente no dejaban de pasar imágenes con los recuerdos de su infancia, en las que no dejaban de juzgarlo y de reírse de él. Recordaba cómo le pegaban porque no se sabía la lección o porque le habían pillado hablando con algún compañero; cómo le ridiculizaban ante los demás por no recordar lo que le habían explicado el día anterior. Un fuerte escalofrío recorrió todo su cuerpo y un profundo miedo se apoderó de él.

- "Me hicieron sentirme fracasado, dolido, triste, desamparado, impotente... como una mierda"-.

- "Siento tu dolor..." - dijo Galilah respirando profundamente- "Ahora te invito a que lo veas de otro modo. Míralo desde el punto de vista de todo lo que tú tienes que decir del antiguo sistema educativo y aportar al nuevo. Todo lo que tú has vivido en tu infancia es lo que ahora te va ayudar, para que, desde tu experiencia, puedas apoyar a que otros chicos no pasen por lo mismo que tú. Nada de lo que has vivido ha sido por casualidad. Todo tiene su explicación"-.

- "¿Que intentas decirme?"-.

-"Debemos ser conscientes de que la educación cambie a nivel escolar y familiar. Una educación que esté basada en el amor y el respeto, y en la que se apoyen las necesidades de cada niño. Una educación en la que se les instruya a desarrollarse como seres humanos y en la que todo momento se tenga apoyo emocional. Una educación en la que se les enseñe a respetarse, a ser libres, libres para elegir, libres para amar, libres para disfrutar de una sexualidad sana y consciente. Una educación que esté basada en el amor y en el apoyo incondicional.

Una educación en la que padres, hijos y educadores puedan compartir y crecer juntos. Educar a un niño no es cambiarlo, sino apoyarlo ciento por ciento, y es esta es una gran tarea y responsabilidad de todos. Ahora, imagina y visualiza una escuela al aire libre, una escuela creada por ti… No conozco a nadie mejor que tú para llevar a cabo un proyecto así"-.

- "¡Noooo, yo no podría!" - dijo Burro asustado-.

- "¿Por qué?"-.

- "No tengo estudios ni dinero para llevarlo a cabo"-.

- "Eso no es inconveniente"-.

- "¿Cómo? ¿Me estás tomando el pelo?"-.

- "No, para nada; el mayor inconveniente es que tú no crees en ti"-.

- "Es difícil creer en uno mismo, cuando lleva toda una vida pensando que no vale más que para barrer las calles de su ciudad"-.

-"Eso fue lo que te dijeron en tu infancia y tú lo creíste"-.

- "¿Y qué podía hacer entonces?"-.

-"De acuerdo, lo sé, te sentías desamparado y sin fuerza en ese momento. Es muy fácil para un adulto abusar de un niño frágil e indefenso, atacarlo y abusar verbal, física y emocionalmente de él. Eso es lo más fácil, lo realmente importante y difícil es entenderlo y apoyarlo para que pueda crecer en total paz y armonía consigo mismo, pero eso ya no tiene arreglo ¿Qué te parece soñar? Y si te digo que hay una fuerza inmensa que late dentro de ti, una fuerza que hará que consigas todo lo que tú creías inalcanzable" - dijo Galilah con una voz llena de sorpresa y curiosidad-.

- "No sé, nunca nadie me dijo nada parecido ¿Soñar? eso es estúpido e infantil ¿no crees?"-.

- "Por supuesto que no, soñar es maravilloso, y te llevará a cumplir tus proyectos. Te invito a que sueñes todo lo que quieras ¿Recuerdas qué es lo que soñabas cuando eras niño?"-.

- "No. Ya no recuerdo nada, no quiero que se vuelvan a reír de mí, no sé hacerlo, lo olvidé por completo. No recuerdo lo que soñaba cuando era niño y tampoco quiero recordarlo, tengo miedo"-.

-"Claro que te da miedo, a mí también me daba pavor soñar. Eran muchos miedos los que me impedían mover el culo y hacerme responsable de mí mismo y de todo lo que podía llegar a conseguir. Tenía miedo al fracaso, a sentirme rechazado y abandonado, a sentir mi propia vergüenza, ya que las personas que me rodeaban podrían reírse de mí. Miedo a mi propio juicio, por no sentirme capaz de hacerlo. Este es el más fuerte y poderoso de todos los juicios.

Demasiados miedos y creencias están grabados en nuestra mente y en nuestro cuerpo, que nos limitan. Si deseas alcanzar tus sueños, deberás atreverte a soñar, a soñar todo lo que tu imaginación esté dispuesta a crear, y saber que nada ni nadie puede impedir que alcances todo lo que anhelas. Sólo tus creencias, ellas son las que verdaderamente te limitarán"-.

- "Soñar… ¡Qué estupidez! ¿Para qué? ¿Para hacerme ilusiones y luego volver a tropezar? No, no quiero hacerlo, Galilah" -gritó fuertemente- "No quiero volver a hacerme daño, no quiero volver a sentirme frustrado porque soy incapaz de alcanzar todo lo que deseo. No quiero volver a soñar para levantarme cada mañana ilusionado con mis nuevos proyectos para que, al final del día, me sienta igual que la basura que recojo todos los días en mi trabajo y querer volver a morir. Prefiero seguir sintiéndome un fracasado, al menos, al final del día, no me sentiré tan frustrado" -Burro pensó que Galilah estaba demasiado loco y decidió marchar de allí"-.

De camino a casa no dejaba de pensar en cómo su infancia había marcado su vida y recordaba la conversación que había tenido con Galilah. Cuanto más pensaba, más dolor tenía. El pecho le quemaba y una ira incontrolable se despertaba en su interior. No podía dejar de maldecir a todas las personas que le hicieron creer que era un asno estúpido e imbécil. Recordó cómo sus padres nunca le apoyaron, sino todo lo contrario. Sentía el dolor que le causaban los golpes del cinturón en su lomo y cómo su madre lo consentía, sin hacer, ni decir nada. Un profundo dolor en su pecho y una ira incontrolable se apoderaron de él; se volvió loco dando gritos y coces, rebuznaba una y otra vez hasta que su voz se ahogó. Una profunda soledad se apoderó de él. Cansado y derrotado, cayó al suelo como un fuerte y valiente guerrero al final de la batalla.
Al día siguiente, un pequeño rayito de luz se colaba por la ventana y calentaba su frágil y dolorido corazón. Decidió ir hablar con Galilah. No podía dejar de juzgarse por lo ocurrido la noche anterior. Había maldecido a sus padres y esto le hacía sentir muy culpable.

- "Hermoso día" - dijo Galilah observando el amanecer- "Ven, siéntate a mi lado"-. El sol calentaba el rostro de Burro, cerró sus ojos y suspiró profundamente, dejando que su cuerpo se relajara. El amanecer era realmente hermoso, el riachuelo, el bosque, los pájaros, todo se volvían de un color más brillante. "Es extraño" -dijo Burro- "Nunca había visto tanta belleza... es como si lo viera por primera vez"-.

- "Y, seguramente, sea así" -dijo Galilah- "El ser humano no puede apreciar la belleza de la que está rodeado debido a que le resulta imposible habitar su cuerpo"-.

Burro no entendió muy bien lo que acaba de escuchar y decidió no preguntar.

–"Anoche enfurecí y destrocé mi habitación. Sentí odio hacia mis padres por maltratarme y por no estar ahí cuando tanto los necesitaba. Me siento fatal, pues no quiero tener sentimientos malos hacia ellos, al fin y al cabo, son mis padres"-.

-"Veo que te has dejado arrastrar por tus emociones, todos lo hacemos, es lo que hemos aprendido. La emoción te prohíbe o te permite actuar de una determinada manera u de otra, pero la emoción no es la ley, no es lo que debe regir nuestras vidas, ni nuestra conducta social. La sociedad en la que vivimos nos ha enseñado que debemos ocultar todo lo que sentimos, y lo que han conseguido con ello es que hemos aprendido a proyectarlo hacia los demás, con lo cual no dejamos de hacernos daños los unos a los otros. Ahora, cada vez hay más libros que nos hablan de que debemos sentir nuestras emociones, y esto está muy bien, pero no nos enseñan cómo se sienten y cómo se hace. La clave para poder traspasar todas nuestras emociones es aprender a sentirlas a través de las sensaciones físicas, y esto es un trabajo que debe hacerse de manera gentil y no de manera catártica y, por supuesto, con la ayuda de un terapeuta especializado.

Me cuentas que no quieres tener malos sentimientos y los sentimientos no son ni buenos ni malos, tan sólo son sentimientos"-.

- "¿Entonces, sentir odio no es malo?"-.

-"Ni malo ni bueno, sólo es un sentimiento"-.

- "Pero, sentir odio hacia los padres no está bien"-.

- "Lo que no está bien es negar lo que sientes"-.

-"Creo que todo esto es bastante complicado y nuevo para mí. ¿Entonces, qué es lo que debo de sentir?"-.

- "Sentir es bueno, nos hace estar en contacto con nosotros mismos"-.

- "Pero… ¡odiar a los padres no está bien!"-Exclamó burro-.

- "Lo que no está bien es escapar de lo que sientes"-.

- "Pero ellos son mis padres, y todo esto me hace sentir muy culpable"-.

-"Detrás de la culpa hay muchas creencias de las que ahora no puedes ser consciente. Intentar amar a tus padres cuando en lo más profundo de ti estás enfadado con ellos, no te ayuda en absoluto. Además, tus padres no son culpables de la manera de educarte, ellos lo hicieron lo mejor que sabían, ellos no recibieron amor, por lo tanto, no supieron dártelo. Si en tu hogar hubo rencor, odio y sufrimiento ese es el modo de dar amor que ellos tienen, su infancia fue aún más dura que la tuya. No se trata de culpar a tus padres, sino de reconocer tu dolor.

Está bien que te aceptes y acojas con todos esos juicios hacia ellos. Es una manera de empezar a respetar lo que sientes, con esto no quiero decirte que lo proyectes hacia ellos culpabilizándoles de todo lo que viviste en tu infancia y en tu adolescencia. Conforme vayas aceptando tu dolor y puedas sentir compasión por ti llegarás a sentir esta misma compasión y amor hacia ellos, sentirás y podrás ver a través de tu experiencia que ellos lo hicieron lo mejor sabían, no fueron educados en amor, por lo tanto no podían darte amor.

Es necesario que sientas todo eso para que puedas estar en paz, de lo contrario te hará más daño y, con el paso del tiempo, te hará enfermar. La gran mayoría de los seres humanos enferman porque nunca se les enseñó a gestionar lo que sienten.

- "¿Quieres decir que no permitirnos expresar lo que sentimos nos hace enfermar?"-.

- "Por supuesto. La enfermedad se instala en nuestro cuerpo porque nunca nos enseñaron a gestionar todo lo que sentimos"-dijo Galilah-.

-"Esto es fantástico, pero difícil de creer ¿no crees?"-.

-"Efectivamente, tú lo has dicho; lamentablemente, el ser humano es bastante racional e incrédulo. Lleva miles de años atado a unas creencias absurdas e inciertas, sin tan siquiera nunca haberlas cuestionado, y, lamentablemente, no las va a cambiar en un abrir y cerrar de ojos. El ser humano cree tener la verdad absoluta y la verdad absoluta no la tiene ni nada ni nadie"-.

- "¿Y cuál es la verdad?"-.

- "¡Uhm! La verdad, amigo, está en todos y en todo, todos somos parte de Dios y nadie es mejor que nadie. Tú tienes tu verdad, él tiene su verdad, yo tengo mi verdad y, entre todos, hacemos la gran verdad. No podemos convencer a nadie de que cambie sus sentimientos o pensamientos; su trabajo, su familia y sus creencias son su verdad, pues no conocen otra cosa. La base del respeto está en todo esto y en no querer cambiar nada, a menos que ellos estén dispuestos, ellos son felices a su manera y, aunque tú creas que están equivocados, para ellos puede que el equivocado seas tú"-.

-"Has hablado de Dios ¿Es verdad que existe?"-.

-"Depende del dios en el que tú creas; si crees en el dios que te ha vendido la religión, ése que está allá arriba, en los cielos, con barba y flotando en no sé qué nube, si te refieres a ése, ese dios para mí no existe, pero sí respeto las creencias de cada persona. El dios en el que yo creo es ese dios al que le haces las preguntas desde ti, hacia ti, hacia tu corazón; ese dios que sabes que nunca se equivoca, pues está en posesión de tu verdad. Ese dios que te hace sentir libre, sin ataduras y sin condicionamientos, ese dios que no te juzga y que te dice que no hay nada de malo en ser como eres, que te dice que todo está bien y que la vida no es lucha, sino aceptación, comprensión y compasión; ese dios no es otro dios que el que vive en ti y para ti. Ese dios no es otro que la esencia que habita tu cuerpo y que vive dentro de ti.

- "¿Y si es verdad que Dios existe, por qué existe el mal?"-.

-"El mal no existe, lo que existe es la ignorancia, la ignorancia de no saber ver más allá de nuestro ombligo, de nuestro ego… de no saber de dónde venimos ni hacia dónde vamos, de no saber quiénes somos realmente. Todo lo que tenemos es lo que nosotros mismos nos hemos creado: prepotencia, egocentrismo, posesión, apego… y nos hemos olvidado de nuestra esencia."-

- "¿Y cuál es nuestra esencia?"-.

- "Nuestra esencia es amor"-.

- "¿Amor? ¿Y por qué no lo demostramos?"-.

- "Porque no nos han enseñado"-.

- "¿Por qué?"-.

- "Porque el amor te hace libre, y si te hubieran enseñado a amarte, probablemente harías cosas que te gustan. El sistema no quiere que despiertes y descubras el gran poder que hay dentro de ti"-.

- "¿Qué significa despertar?"-.

- "Descubrir quién eres realmente"-.

-"Acabas de decir que todos somos parte de Dios y, si esto es así ¿por qué el sistema actúa así? ¿Por qué no quiere que despertemos?"-.

-"Todo es una manifestación de Dios y todo forma parte de un plan divino. El planeta Tierra es una gran escuela de aprendizaje, donde hemos venido a experimentar e integrar la oscuridad. Todos somos dioses experimentando de una u otra manera, todos estamos aprendiendo y todos somos maestros de todos; si alguna vez te creíste mejor o peor que los demás, eso no es más que tu propio ego"-.

-"¿Ego? ¿Qué es eso?"-.

-"Te lo explicaré de una manera muy sencilla para que puedas entenderlo: el ego es quien tú crees ser, su trabajo es alejarte de quien tú eres, te hacer creer que eres un barrendero con una pequeña casa y un escaso sueldo, y ése no eres tú. El ego siempre va a querer estar ahí queriéndose identificar con cualquier cosa que le sirva de alimento para mantenerse vivo, te hará creerte mejor o peor que los demás alejándote de tu verdad. ¿Lo has entendido?"-.

- "Buf…Todo esto no tiene sentido, es una auténtica locura, no puede ser verdad, no entiendo nada ¿qué pretendes decirme con todo esto?"-.

-"Lo que acabas de escuchar, somos una manifestación de Dios y nuestro cuerpo es nuestro vehículo de aprendizaje. Si alguna vez te creíste que eras tu cuerpo o tu mente ahora es tu momento de saber que no es cierto. Tú eres Dios, yo soy Dios, el río es Dios, el vecino, el asesino, el dinero, la piedra, el mar… todo lo que te rodea es Dios. Estamos integrando la luz a través de la oscuridad, totalmente necesaria para manifestar el inmenso amor que todos somos. Todos estamos heridos y desde lo más profundo del valle iremos caminando al lado de los que nos hieren, no importa si el camino es fácil o difícil, todo esto depende de ti y sólo de ti, de como tú quieras vivirlo, tu manera de ver y de vivir la vida es lo que te llevará a disfrutarla o a maldecirla"-.

Burro no podía dejar de mostrar su enfado: -"Estás loco, no puedo creerlo, esto no puede ser cierto, y, si es así: ¿Qué clase de vida he estado viviendo? ¿Quién soy yo realmente? No entiendo nada. Creo que voy a marcharme, estás demasiado chiflado y no quiero perder la cordura"-.

Galilah vio como Burro se alejaba, sabía que, por fin, burro conocería su verdad, una verdad que le llevaría a su propio descubrimiento, un descubrimiento que le llevaría a crecer y a amarse como persona y como ser humano.

"Descubrirse"

Es hermoso tener el poder del descubrimiento de uno mismo.

Es hermoso descubrir que no eres lo que te dijeron que eras, que no eres las expectativas de los padres y educadores, que no eres un diez o cualquier otro número inferior que te hace mediocre y que no tiene lugar en esta sociedad.

Es hermoso descubrir que eres un ser lleno de ternura, amor y sensibilidad, con una capacidad ilimitada de darte y dar amor.

Es hermoso descubrir que posees una gran fuerza en tu interior para hacer y conseguir lo que tanto soñabas cuando apenas eras un niño.

Es hermoso descubrir que no hay nada ni nadie que pueda limitarte y decirte qué es lo que debes hacer.

Es hermoso descubrir compasión y amor hacia uno mismo.

Es hermoso descubrir que la vida está hecha por y para ti.

Es hermoso descubrir que todo lo que has hecho a lo largo de tu vida tan sólo forma parte de un gran aprendizaje para descubrir quién eres.

Es hermoso levantarse una mañana y descubrir que la vida es perfecta y lo más hermoso de todo es descubrir que te amas sin condicionamientos y como nadie jamás supo amarte.

Es hermoso descubrir tu LIBERTAD.

Burro se sentía bastante decepcionado y enfadado, no podía entender nada de lo que Galilah le había explicado. No dejaba de hacerse preguntas: "¿Estamos en la tierra para sufrir? ¿Qué sentido tiene esto? No lo puedo creer, este tío está loco"-.

Desde que se encontrara con Galilah su vida ya no era la misma, se sentía más inseguro y con mucho miedo, por lo tanto, decidió no volver más al riachuelo. Burro pensó que, aunque su vida era triste y amarga, al menos estaba seguro, tenía un empleo seguro y un hogar al que regresar cada tarde, y así fue como burro volvió a su gran proyecto de vida, barrer las calles para luego llegar a su hogar y sentarse frente al televisor.

Fueron pasando los días y burro seguía sin aparecer por el riachuelo Galilah sabía que volvería y no quiso salir en su busca, había aprendido a través de su propia experiencia que querer interferir en la vida de los demás no es más que la propia necesidad que se tiene por querer transformar y cambiar la vida de uno mismo. Sólo era cuestión de tiempo, sabía que Burro volvería al riachuelo.

Una noche Burro despertó de madrugada, a su mente venían unas palabras que no entendía muy bien, volvió a dormir y no le dio la mayor importancia. A la noche siguiente volvió a despertar, pero esta vez no eran sólo palabras, sino imágenes y símbolos. Al día siguiente decidió coger una libreta y un bolígrafo para intentar apuntarlo y no dejarlo en el olvido. Esa noche despertó varias veces, apuntando frases y palabras diferentes:

-San Mateo 7.10-.

- Podrás estar si tu silencio es tu ser-.

- El gran ojo que todo lo ve-.

-La flor de la vida, en ella está todo el secreto-.

-El secreto de la humanidad está en un escrito-.

-ERE-.

-Todos estamos programados-.

-Los guardianes del templo-.

-Las leyes del universo-.

-La quinta raza-.

-Merkaba-.

-Movimiento de rotación-.

-Hermes-.

-Creer es crear-.

-Atlántida-.

-Pléyades-.

-Fractal-.

-La llave de la totalidad de la aparición es el amor-.

-Les metemos demasiadas cosas a los niños-.

-Parar sin guardarse y guardarse sin parar-.

-Dios tiene su oscuridad-.

-Alción mente-.

-Dentro, la tierra se cristaliza-.

-Cuando uno no cree en si mismo lo busca todo fuera-.

-No nos soportamos, por eso queremos cambiarlo todo-.

-Los hijos nos enseñan a escuchar-.

-Nuestro pasado es nuestro presente-.

- El hombre necesita valentía y confianza-.

-La tierra es un soldado-.

- Ser es dejar ser a tu SER-.

Burro apenas pudo dormir esa noche, no paraba de tomar nota de las palabras que venían a su mente y que no entendía. A la mañana siguiente, al despertar y ver todo lo que había escrito, no podía dar crédito a todo lo que estaba leyendo, creía estar volviéndose loco. Decidió que había llegado el momento de volver al riachuelo para hablar de nuevo con Galilah, él sabría explicarle sin lugar a dudas que significaba todo esto. Al salir a la calle pudo ver como a su vecina la Srta. Serpiente, le rodeaba una energía luminosa en forma de óvalo. Burro no daba crédito a lo que estaba viendo, se restregó los ojos pensando que era una visión, pero la energía seguía allí, rodeando a la hipócrita de su vecina.

Al seguir de camino hacia el bosque vio como a todos y cada uno de los vecinos les rodeaba la misma luz "¿Qué estaba pasando?", se preguntaba ¿Por qué, de pronto, era todo tan extraño? La vida se presentaba de un modo bastante diferente a lo que hasta ahora había sido para él. Estaba llegando al bosque cuando, delante de él, vio a un niño con aspecto de cansado y con ojeras muy profundas y oscuras. Pareció estar moribundo, casi muerto, le extendió una mano pidiéndole ayuda, pero Burro se asustó. Su corazón comenzó a latir muy fuerte y salió corriendo sin mirar hacia atrás.

-"Buenas tardes" -dijo Galilah- "Cualquiera diría que has visto un fantasma"-.

-"No te diría que no, acabo de ver a un niño con aspecto de estar muerto, espero que haya sido una alucinación producto del cansancio de todos estos días"-.

-"¿Qué te ha ocurrido?"-.

-"Llevo tres noches despertándome y diciendo palabras y frases que desconozco. Me vienen imágenes de personas que no conozco, no sé qué me está ocurriendo, y lo que más me sorprende es que veo una energía luminosa rodeando a las personas. Creo que me estoy volviendo loco"-.

- "¿Loco? No, todo lo contrario, estás empezando a ser consciente de la realidad ¿Recuerdas la conversación que tuvimos el último día? Pues bien, ha llegado el momento de saber quién eres"-.

-"¿Me estás queriendo decir que todo lo que hablamos el otro día es verdad y que nada de lo que yo he vivido hasta este momento tiene importancia?" -preguntó burro tembloroso y sorprendido-.

-"Sí, si lo ves desde tu ego. El sistema nos ha hecho creer que somos todo lo que tenemos, nos ha hecho creer que somos nuestra casa, nuestro coche, nuestra pareja, nuestros hijos… haciendo que nos olvidemos por completo de quiénes somos. Todo lo que has vivido hasta ahora tenía que ser así y todo tiene su sentido. Para saber realmente quien eres a partir de ahora era necesario que experimentaras todo lo que has vivido hasta el día de hoy"-.

-"Pero esto es una auténtica locura. Entonces ¿Quién soy yo?"-.

-"Eres presente y esto es lo más importante, tu presente"-.

-"No entiendo nada"-.

-"Relájate todo está bien; no pretendas comprenderlo todo de una vez, esto no es para que te pierdas racionalizando, te va a llevar bastante tiempo integrarlo. Por lo que me cuentas y por todo lo que está ocurriendo de nuevo en tu vida, percibes bastante, seguramente tengas un don, el don de la mediumnidad, eso explicaría como el niño ha llegado hasta ti"-.

- "¿Mediumnidad?" -preguntó Burro asombrado y un poco asustado- ¿Qué me estas queriendo decir, que el niño era un fantasma?"-.

-"La mediumnidad es la facultad de la que dispone una persona para ponerse en contacto con las personas ya fallecidas u otras entidades de otros planos o realidades, es un gran don, no te asustes por ello, conforme vayas creciendo y sanando tu don se hará más evidente, es algo que ahora no puedes controlar, no te centres en ello, ya que te alejará de tu crecimiento interior. Estamos encarnando en este cuerpo, esto quiero que te quede muy claro y que no lo olvides nunca, nunca ¿me oyes? simplemente disfruta de lo que te vaya llegando poco a poco"-.

-"¿Cómo quieres que me tranquilice con todo lo que me está ocurriendo? A mi mente llegan palabras y frases que desconozco y ahora resulta que puedo ver a los muertos ¡Esto es una autentica locura! No sé que voy hacer"-.

-"Yo te ayudaré, tranquilo, no te asustes, tengo tu mismo don, seguramente por ello nuestros caminos se han cruzado, las frases que te llegan es lo que se llama comunicación telepática, vienen de tu espíritu o de tus guías espirituales. Es conocimiento que quieren transmitirte por algún motivo, algún día descubrirás el porqué. Agradécelo, gracias a él, podrás ayudar a otras personas. Los años venideros van a ser muy duros, el ser humano necesita ayuda, todo se desmorona, la crisis que está viviendo todo el planeta no es más que una crisis de valores y su objetivo no es otro que el ser humano despierte a la gran verdad.

Los suicidios, asesinatos, divorcios, enfermedades, depresiones… van en aumento, ya no se puede con tanta mentira y con tanta decepción. Vienen tiempos de cambios, un cambio que se va a dar en el interior de uno mismo y no en el exterior. Si de verdad el ser humano quiere empezar a cambiar el mundo tendrá que aceptar primero que debe mirar su propio ombligo y admitir que él mismo es el responsable de todo lo que le sucede. Tendrá que coger las riendas y caminar a solas por el sendero de su vida, asumiendo sus propias miserias y engaños.

El que no lo quiera ver, vivirá su propio infierno, su propio ego le animará a que siga engañándose a sí mismo, y seguirá culpabilizando a los demás de lo que le ocurre: a la pareja, a los hijos, padres, amigos, vecinos, políticos… a todos menos a él mismo. El ser humano debe empezar a vivir su espiritualidad, vamos a por el cambio y no habrá fuerza que lo detenga"-.

-"Me gustaría entender todo esto, pero no puedo; nunca habría imaginado que me pudiera ocurrir algo así, a mí, a un simple e insignificante burro. Por una parte me hace sentir bien, pero, por otra, estoy muy asustado"-.

-"Te gustará tener ese don, ya lo verás"-.
- "Eso espero ¿Qué es la espiritualidad?"-.

- "Buena pregunta. La espiritualidad es ser fiel a uno mismo, ser fiel y consecuente con lo que verdaderamente sentimos. Ser espiritual no quiere decir alimentar y acumular toneladas y toneladas de información en la mente, porque esto no te llevará a ningún lado, ya que esto no es más que otra estrategia de nuestro "niño interior" para sentirse querido y aceptado por los demás, pues le resulta muy doloroso sentir su gran falta de autoestima.

Ser espiritual no es ser complaciente con todo el mundo, ni creer que tienes que ayudar a los demás, si antes no te ayudas a ti mismo. Este es un gran engaño para no sentir nuestros propios miedos e inseguridades. Ser espiritual no significa hacerse a un lado para complacer en todo momento a los que nos rodean, porque al final, todo esto lo único que te creará es más resentimiento y al final te acabará explotando en la cara.

El sistema nos ha vendido una espiritualidad en la que tenemos que ser extremadamente amorosos con los demás, excepto con uno mismo, y que lo único que se pretende con esto es que sigamos negándonos. Nos han vendido una espiritualidad donde no se le da cabida al dinero y donde muchos dicen que todo lo que está relacionado con ella debe de ser gratuito. Ser espiritual no quiere decir que tengas que regalar tu trabajo, nadie regala su trabajo. Yo, ante todo, valoro todo lo que hago y que yo viva mi espiritualidad esto es algo que tiene que ver tan sólo con mis creencias y sentimientos, no con mi desempeño. Ser espiritual es darle al dinero el lugar que merece, el dinero también es amor, pues también es Dios y, por lo tanto, hay que amarlo y sentirse digno de merecerlo.

Muchos son los que creen que ser espiritual es estar las veinticuatro horas del día intentando aparentar que viven en total paz y armonía, no se permiten, ni saben sentir su propia ira, resentimiento, odio, vergüenza… y esto es una gran trampa en la que se sigue cayendo, pues no es más que otra estrategia de nuestro niño herido, pero con otra gran máscara, ya que nuestro niño hará todo lo posible por no sentir su profundo dolor y continuará sacando a la luz mas máscaras. Tiene muchas, cientos, y seguirá compensando y usando mil y una estrategias.

A lo largo de mi proceso, estoy comprobando y he podido entender que no podemos permitirnos "sentir", porque, entre otras cosas, no nos han enseñado a hacerlo. Tenemos que aprender a "sentir", es necesario que seamos conscientes de ello, debemos hacerlo por nuestro propio bien y el de nuestros hijos.

Todos tenemos nuestras máscaras, nuestras estrategias y compensaciones… ya que, de alguna manera, lo que tratamos de evitar a toda costa es no sentir todo lo que venimos arrastrando desde nuestra niñez. No intento juzgar a nadie, ya que cada uno ha sobrevivido en su infancia como mejor ha sabido, lo que sí quiero que te quede claro, y si de verdad quieres aprender amarte, es que tendrás que reconocer, aceptar y sentir todo lo que habita en tu interior, no es agradable, pero sí muy sanador.

La espiritualidad es AMARSE Y RESPETARSE, pese a lo que esté o no esté bien visto ante los ojos de los demás"-.

- "¿Amarse? ¿Crees que no nos amamos?"-.

-"No lo creo; lo sé, todos pensamos que nos amamos y no es cierto. Debemos tener muy presente que el gran aprendizaje de la vida es llegar a amarnos, ese es el gran trabajo, y te puedo asegurar que no es nada fácil.

Tenemos un cuerpo al cual no le prestamos la atención que merece, y al que maltratamos a diario. Un cuerpo al que dejamos de darle el valor que tiene para tratarlo como a una máquina. Es necesario que tomemos conciencia de él, es el coche de la vida, nuestro avatar, y por ello debemos dejarle que se exprese. Nuestro cuerpo tiene mucho dolor y también mucho amor, con lo cual, debemos dejar que las dos cosas salgan a la luz para poder vivir una vida llena de plenitud y de dicha. Necesita ser escuchado para poder ser comprendido y amado.

¿Alguna vez te preguntaste qué es lo que siente tu cuerpo?

¿Alguien ha acariciado tu cuerpo con ternura y sensibilidad?

¿Y tú, lo has acariciado alguna vez?

¿Recuerdas si alguien lo trató con el amor y respeto que se merece?

No amamos nuestro cuerpo, pues no somos conscientes de que existe"-.

-"Nunca había escuchado algo parecido" - dijo Burro – "¿Escuchar al cuerpo? ¡Qué extraño!"-.

-"Sí, suena un poco extraño, pues no hemos sido educados para escuchar y amar nuestro cuerpo. Trabajo como terapeuta e intento guiar a las personas que vienen a mí para que se hagan conscientes de que tienen un cuerpo, un cuerpo con manos, brazos, piernas, pies… les enseño a que entren en contacto con sus sensaciones para que así adquieran la capacidad de poder comunicarse con él y poder intimidar con el dolor que llevan acumulando desde su infancia, y así puedan coger su fuerza y su poder. La gran mayoría vienen hastiados de la vida y sin saber qué rumbo tomar, todos buscando ser felices y creyendo firmemente que la felicidad está ahí afuera, algo muy difícil de conseguir, pues, como ya te he dicho anteriormente, la felicidad es lo que uno es, y si quieres saber realmente quién eres y qué es lo que verdaderamente sientes, debes empezar a tomar contacto con tu cuerpo. Vivimos en la mente, intentando evitar escuchar lo que nuestro cuerpo nos dice día a día. Es necesario que habitemos nuestro cuerpo"-.

-"¿Habitar el cuerpo? ¿Qué estás diciendo, no lo entiendo? Yo soy este cuerpo"-.

-"Ese es el problema, que te crees que eres tu cuerpo, pero tú no eres tu cuerpo, te expresas a través de él: comes, duermes, trabajas y te mueves en la vida gracias a él, pero lo haces de manera automática, como si fueras una máquina, no eres consciente de él, no lo escuchas, observa tu mano por un momento"-.

-"Burro comenzó a observar su pezuña y vio que nada ocurría"-.

-"Mira y observa tu mano como lo hace un bebé cuando empieza a descubrir partes de su cuerpo, presta atención, hazlo muy despacio; cuanto más despacio lo hagas más conciencia adquirirás de ella, mírala y observa cada detalle, cada cicatriz, cada lunar, observa tus uñas, las líneas de la palma… con mucha suavidad, sin prisa ¿ves que ocurre?"-.

-"Woaoooo"-dijo Burro un poco asustado y emocionado –"Parece como si fuera la primera vez que veo y siento mi pezuña, es muy extraño"-.

-"¿Qué sientes?"-.

-"Siento una mezcla de calma y presencia, es como si nunca la hubiera visto, es sorprendente, nunca me había sentido así"-Burro respiró larga y profundamente, sonrío gratamente, pues se percató de que no tenía pensamientos"-.

-"No tengo pensamientos, Galilah"-dijo emocionado como un niño- Ni un pensamiento ¡Esto es fantástico!"-.

-"Lo es, suele ocurrir cuando las personas se hacen conscientes y empiezan a tomar conciencia de su cuerpo, esto les lleva a tener experiencias muy enriquecedoras. Ya no vuelven a ser los mismos, un profundo cambio les lleva a tener una total conexión. Nuestro cuerpo es el tesoro más grande que podemos llegar a poseer y te aseguro que no hay nada que pueda sustituir las sensaciones vividas a través de él, no hay dinero en el mundo que pueda pagar esto ¿sabes por qué? Porque la sensación que embarga todo el cuerpo en ese momento es de total plenitud, en ese momento todo cobra presencia y la verdad más profunda que vive dentro de nosotros se hace evidente. Nada hay más importante en ese momento que el instante presente, es como si no supieras que vas hacer en el minuto siguiente, la mente pierde el control por completo, al principio asusta, ya que a ésta le gusta controlar, pero la sensación de presencia es tan grande, que deseas seguir sanando y creciendo para seguir experimentando esas sensaciones, porque esa sensación de grandeza y de amor es la que te hará un ser libre.

¿Entiendes ahora cuando te digo que no habitamos el cuerpo?

Tengo una vieja y acogedora cabaña en el bosque, suelo pasar algo de mi tiempo allí, ocupándome de mis cosas, es un lugar muy tranquilo y que me proporciona mucha paz ¿Te apetece acompañarme y poder tomar un primer contacto con tu cuerpo?"-.

-"No se" -dijo Burro un poco asustado-.

Galilah pudo percibir el miedo en sus ojos. "-Tranquilo no vas hacer nada que tu no desees una vez que estemos allí; si te sientes incómodo y quieres marchar a casa puedes hacerlo sin ningún problema, eres libre para hacer lo que tu creas y sientas"-.

-"De acuerdo"- dijo un poco dudoso- "¿Está muy lejos?"-.

-"A unos tres kilómetros, iremos caminando, no hay otra forma de llegar a ella"-.

Se levantaron del viejo tronco y comenzaron a caminar para adentrarse en el viejo bosque. Una gran cantidad de arboles con hojas verdes anchas y frondosas y una gran variedad de plantas le sorprendía gratamente. Burro caminaba extrañado y se preguntaba por qué nunca se atrevió a adentrarse en él, pensó en el miedo que siempre le produjo el viejo bosque.

Con cada paso que daba, una gran cantidad de sensaciones le embargaban, parecía como un pequeño niño descubriendo la vida ante él, miraba hacia un lado, hacia otro. Respiraba el olor a las hojas verdes, el olor a la vieja madera de los arboles, el olor del aire que suavemente acariciaba su rostro, el olor del agua fresca y limpia que fluía por el riachuelo a lo largo de todo el bosque, respiraba vida y esto le hacía sentirse sereno y tranquilo.

Después de andar un largo trecho la cabaña se podía ver a lo lejos, era necesario atravesar un pequeño y viejo puente de madera construido sobre el riachuelo. El curso del agua cobraba más fuerza en este lugar. Estaba situada sobre unas rocas y las ramas de dos enormes arboles se entrelazaban en el tejado con la intención de poder subirse en él y contemplar toda aquella belleza. Un cielo azul intenso y unos pequeños rayos del sol del atardecer se colaban entre las ramas y le daban vida aquella hermosa casa.

-"Es bello este lugar" -dijo Burro-.

-"Muy hermoso, me siento muy afortunado, es la herencia que me dejó mi padre al morir; perteneció a mi abuelo y, anteriormente, a su padre. Aunque tiene muchos años, la sigo conservando, pues quiero que siga formando parte de la vida de mis hijos y de los suyos a su vez"-.

Al abrir la puerta, una nueva sensación le embargó, respiró profundamente y dio un paso hacia adelante. Algo misterioso le empujaba a entrar en aquella casa. Era bastante amplia y estaba muy bien conservada, suelo de madera muy limpio y bien tratado, una mesa de estudio estaba situada frente a la ventana, un ordenador, unos altavoces, y varios folios con apuntes y notas ocupaban gran parte de ella. Un yembé africano con el borde ribeteado con una cinta de color verde amarillo y rojo adornaba un rincón; a la derecha una gran estantería repleta de libros ocupaba toda la pared. Una pequeña cocina con un refrigerador y un infernillo ocupaban parte de la pared izquierda, junto con dos puertas, al otro lado de una de ellas podía verse un aseo con una gran bañera y en la otra una habitación con dos camas.

Burro se sentía extraño pero tranquilo, no sabía a dónde le llevaría todo aquello, pero algo dentro de él le decía que debía estar allí ¿Qué tenían en común un tambor con una estantería llena de libros o con un ordenador y unos grandes altavoces? Se preguntaba.

-"Me pregunto cuántos libros hay aquí"-.

- "No se -respondió Galillah – "Alrededor de dos mil, algunos los he comprado, otros me los han regalado y otros han formado parte de la herencia que le dejó su madre a mi esposa"-.

-"Woaooo"- exclamó Burro- "¿Los has leído todos?"-.

-"No" -dijo Galilah sonriendo- "No he tenido tiempo de hacerlo y no sé si podre leerlos, porque, aunque disfruto mucho leyéndolos, no puedo ocupar todo mi tiempo en ello. Me complace poder disponer de ellos, me hacen reír, soñar, llorar, y muchos de ellos me enseñan a crecer y a confiar en mí. Los libros están consagrados y las personas que los han escrito han sido bendecidas con ellos por su entrega y dedicación"-.

-"¿Hay alguno que hayas escrito tú?"-.

- "No, no creo que eso forme parte de mi cometido, eso quizás debas hacerlo tú"-.

-"¿Yo?" - dijo burro sorprendido-.

-"Sí. Tú lo harás y te aseguro que las personas que tengan el privilegio de leer tus libros quedarán gratamente sorprendidos"-.

Burro no quiso hacerle caso y prefirió cambiar de tema, pensó que Galilah desvariaba.

- "¿Y este Tambor?" –preguntó-.

- "¡Ah, mi yembé! -exclamó- "Forma parte de mí. Es mi gran compañero y maestro, me da conocimiento poder y cura, es mi medicina, me ayuda a tocar el alma, me hace sentir bien cuando la oscuridad se cierne sobre mí"-.

-"¿Oscuridad?"-.

-"Si, son días en los que de nuevo mi sombra vuelve a acompañarme para que siga aprendiendo y creciendo"-.

-"¿Qué es la sombra?"-.

-"La sombra es la parte oscura que vive dentro de nosotros y que no queremos ver ni sentir, y es de vital importancia poder integrarla para seguir caminando. La sombra es luz, te da poder, sabiduría y conocimiento y si la niegas nunca llegarás a ser tu mismo. Debes aceptarla y amarla para poder integrar a dios, pues Dios también es oscuridad. Hoy en día no sería quien soy si no fuera por ella.

Bueno, creo que me estoy extendiendo demasiado y se nos va a hacer muy tarde; empezaremos con el ejercicio que te propuse, si es que de verdad deseas hacerlo"-.

-"Sí, sí; aunque estoy un poco nervioso"-.

-"Tranquilo, no va a ocurrirte nada, en todo caso saldrás más relajado de lo que estás ahora"-.

-"Bien, pues empecemos" -dijo Burro impaciente-.

- "¿Deseas tomar algo? ¿Agua, café, alguna infusión?"-.

- "No, gracias, prefiero empezar ya"-.

-"De acuerdo; dame un poco de tiempo para buscar la música apropiada, mientras tanto, sitúate en el centro de la sala, así podrás moverte con más amplitud"-.

- "¿Estás preparado?" -preguntó Galilah-.

-"Comencemos. Voy a ir dándote unas pautas para que las vayas siguiendo ¿Te parece bien?"-.

-"De acuerdo"-.

La voz de Galilah se tornó aún más serena y tranquila, llena de ternura y sensibilidad.

-"Cierra los ojos y visualízate dentro del océano, siente cómo el agua te mece y acaricia todo tu cuerpo, toma conciencia de él y de sus movimientos. Suelta tu cuello, déjalo flotar y gíralo muy suavemente hacia tu lado derecho, muy lento, cuanto más lento más conciencia; muy despacio, relaja tu mandíbula, tus ojos, tu frente, mantén entreabiertos tus labios y relaja todo tu rostro. Siente tu respiración, es lenta y suave. Siente la profundidad del océano en todo tu cuerpo y comienza a sentir tus dedos muy suavemente, muévelos de una forma muy suave, haz que floten y que jueguen con el agua, ahora siente tus manos y hazlas girar hacia fuera de una manera muy lenta y suave, tan suave que sientas el roce del agua en tu piel, deja que tus manos jueguen, deja que tu sensibilidad te inunde.

Muy lentamente toma conciencia de tus piernas, siente tus muslos, tus rodillas, los tobillos y tus pies, observa y escucha hacia dónde quieren caminar, observa cada paso y cada movimiento de tus pies y de tus piernas, observa cómo caminas y déjate llevar por la profundidad del océano, deja que tu cuerpo decida hacia donde te quiere llevar, tus piernas quieren caminar, escúchalas hacia donde quieren ir, dales permiso y deja que la corriente del mar las lleve a su destino. Respira y siente cada movimiento de tu cuerpo, inspira y expira muy suavemente. No hay prisa, todo está bien, con suavidad, con mucha suavidad….

Ahora te pido que abras los ojos muy suavemente y que tomes conciencia de todo lo que te rodea, de tu espacio y de la sala. Observa tus manos, ellas te acompañan día tras día y merecen que les prestes atención, quizás no son las manos que te gustaría tener pero son tus manos ¿las ves? ¿cómo son? ¿son grandes, medianas pequeñas? ¿Y tus dedos? ¿son finos o gruesos?

Muy despacio y lentamente desliza la yema de los dedos de tu mano derecha por tu mano izquierda y siente qué sensaciones hay en ella, cosquillas, hormigueo, calor, frío… siente cómo tus muñecas se rozan y siente la suavidad de la piel en tus dedos. Escucha las sensaciones que se están despertando en tus manos. Siente tu cuerpo, es sensibilidad y ternura, es suavidad, es calma, es la manifestación de Dios.

Ahora llévalas a la parte de tu cuerpo que más cuidado necesita y menos atención le pones, coloca tus manos sobre ella y observa qué siente esa parte de tu cuerpo al ser tocada y tenida en cuenta ¿Qué siente esa parte de tu cuerpo al ser acariciada con la ternura que merece? ¿Qué sensaciones se despiertan en tu interior? Con mucha suavidad y sensibilidad acerca tus manos a tu rostro y siente cómo tus dedos se deslizan por él, acaricia tus párpados, tu nariz, tu frente, tus labios, acaricia tu cuello, la mayor parte del tiempo está tenso. Necesita atención y ahora es el momento; hazlo sin prisa, necesita de tu amor y cuidado, así es, muy bien despacio muy despacio mímalo y quiérelo como se merece.

Sigue acariciando todo tu cuerpo, con amor y dulzura, acogiéndolo, tu pecho, tu estomago, tus piernas ¿qué sienten tus piernas? ¿puedes escucharlas? ¿y tus pies? ¿qué sienten? ¿frío, calor...? Dale a tu cuerpo todo el amor y la compasión que merece, sólo tú puedes hacerlo. Escucha tu respiración ¿cómo es? ¿profunda y pausada? ¿y tus latidos? ¿cómo son tus latidos ahora?

Tu cuerpo merece ser acariciado y escuchado, lleva mucho tiempo acompañándote, es perfecto, ámalo, mímalo, nadie puede hacerlo por ti, nadie lo hará, sólo tú.

Ahora que sientes como el amor te inunda y tu sensibilidad aflora empieza a volver muy suavemente, empieza a tomar conciencia de la habitación en la que estás, vuelve suave y lentamente, vuelve y abre los ojos"-.

Galilah pudo observar cómo los ojos de Burro tenían un brillo especial; su cuerpo estaba inundado de sensibilidad y de ternura. Respiraba larga y profundamente y su presencia inundaba toda la habitación. Sus movimientos, lentos y suaves, habían sido la expresión de identidad de la esencia que habitaba en su cuerpo.

Burro sentía que flotaba y no podía entender qué es lo que le estaba ocurriendo. Miles de sensaciones le embargaban, podía sentir su cuerpo y podía acariciarlo, era tan hermoso lo que estaba percibiendo en ese momento que no pudo contenerse y echó a llorar; sentía un profundo amor, sentía amor hacia todo y hacia todos, un amor inmenso que no podía explicar, como si todo lo que le rodeara formara parte de él. Sintió que era Dios y sintió que se amaba; se derrumbó en el suelo y no pudo dejar de llorar en un largo tiempo. Cansado, cayó exhausto y quedó dormido en el suelo. Galilah lo cogió entre sus brazos y lo llevó hacia la cama; era tarde y pensó que lo mejor era no despertarlo.

Esa noche soñó que estaba atrapado en un paredón en lo alto de una montaña. El paredón era demasiado pequeño y demasiado estrecho como para hacer ningún movimiento. Rodeado de grandes montañas, un gran acantilado se mostraba ante él. Su cuerpo temblaba de miedo. De repente, pudo mirar hacia abajo y lo que vio no eran sus patas de burro, no podía saber qué ocurría, estaba muy asustado y gritaba pidiendo ayuda. Al ver que nadie le escuchaba, como pudo, dio dos pasos hacia adelante y se acercó al borde del paredón "¿Dónde están mis patas?" -se preguntó-. Su pecho latía fuerte y su miedo aumentaba por segundos ¿cómo podría salir de allí? Su cuerpo temblaba al mirar hacia abajo, un profundo pánico se apoderó de él al sentir que su vida podía terminar ahí, no podía ser, no quería morir allí, no lo merecía. No podía ser que su vida acabara en aquel acantilado, no tenía sentido. En el fondo de su corazón sabía que había nacido para hacer algo grande, pensó en que lo único que podía salvarle de aquella muerte era recordar los sueños de cuando era niño. Le costaba recordar ¿dónde estaban sus sueños? Él sabía que tenía sueños, sólo tenía que recordarlos. Miró hacia el sol, respiró profundamente y recordó que viajaba por todo el mundo, veía una escuela en un precioso valle a las orillas de un riachuelo, se veía escribiendo historias increíbles, historias de dragones y de duendes. De repente, sintió como en su espalda algo muy grande cobraba vida. Eran dos hermosas y grandes alas. Comenzó a cobrar fuerza y a sentirse más ligero, su miedo disminuía ¿qué estaba ocurriendo? De repente, una gran fuerza le empujó y alzó su vuelo. Sus alas le ayudan a sostenerse en el aire; un hermoso y majestuoso águila blanca sobrevolaba mares, valles, montañas, praderas… su vuelo se tornaba seguro y lleno de fuerza. Se sentía victorioso y capaz de desafiar al mundo, fuerte y libre, libre de creencias y pensamientos, libre para ser fiel a lo que realmente sentía. Era un águila, un águila fuerte y veloz capaz de enfrentarse con los más difíciles retos, un águila sin miedo a volar y sin miedo a la libertad.

A la mañana siguiente, al abrir los ojos, la habitación le resultaba extraña, el sol intentaba colarse por las rendijas de la persiana y el olor a las tortitas le despertaba el apetito. La música llegaba hasta su habitación "¡Qué extraño!", se decía, "Nunca habría imaginado a Galilah escuchando rap", esto le llenó de curiosidad e intentó poner interés en escuchar lo que la letra decía:

"El latido de la vida, el Universo, la Tierra, compartir, dar y recibir, la fuerza, un abrazo, un beso de mis manos, de mi corazón para ti…

Hay una fuerza vital muy poderosa que nos mueve… que nos mana del corazón, esa fuerza es la voluntad.

Voluntad a seguir enamorándote de la vida, a seguir teniendo sueños, aprovecha cada oportunidad.

Es importante recordar lo que nos motiva a luchar y soñar…

Es la madre, el padre, la hermana, el nieto nacido o el que está por llegar.

Para… respira y escucha a tu cuerpo, tu corazón late, siente a la guerrera, al sabio, al león, al águila… a toda esa fuerza interior.

La clave de tu futuro está escondida entre líneas, nunca dudes de ti mismo, no tengas miedo a fracasar, no decaigas, no te desanimes, no agaches la cabeza por lo no conseguido, aprende de ello y sigue adelante. Observa, vivimos encadenados sin ser conscientes que nosotros tenemos la llave de nuestra libertad.

No dejes de caminar, vive el presente, el aquí y el ahora, paso a paso, estoy segura que el premio lo tienes ya.

Canta, sonríe, no dejes de vivir, tu fuerza es mi fuerza, tu lucha mi lucha, tu sentir en mi corazón, tu llanto mi llanto, tu risa mi sonrisa.

Canta, sonríe, no dejes de vivir"-.

Unas lágrimas caían por su rostro. Durante unos segundos se sintió vivo y con ganas de luchar por sus sueños, la canción le recordaba las palabras que todos estos días Galilah había intentado transmitirle. Se acercó las pezuñas a sus ojos y se secó las lágrimas. Al levantarse, su cuerpo estaba dolorido y cansado; se dirigió hacia la cocina, allí estaba Galilah preparando un abundante desayuno.

-"¡Uhm! ¡Qué rico huele!" -dijo Burro hambriento-.

-"Buenos días ¿Cómo dormiste hoy?"-.

-"Muy bien, me despertó una canción de rap, me emocioné al escucharla; nunca habría imaginado que escuchabas este tipo de música"-.

-"Es hermosa ¿verdad? La han creado mis hijos, Manuela ha escrito la letra y Gabriel ha compuesto la música, me siento muy afortunado de ser su padre. Son unos chicos estupendos y me alegro enormemente de poder compartir mi vida a su lado ¡tengo tanto que aprender de ellos! -dijo pensativo"-.

-"Esta noche he soñado que era un águila y que podía sobrevolar los mares y las montañas"-.

Burro le describió su sueño con todo detalle, Galilah podía ver cómo sus ojos se iluminaban. Era la primera vez que le sentía ilusionado y lleno de vida.

-"Me siento muy feliz al saber de tu sueño; los sueños son más importantes de lo que nosotros creemos, nos dan mucha información y si sabemos darle la importancia que tienen, nos ayudan a sanar y a crecer. El águila representa, rapidez, fuerza, poder, valor y sabiduría, entre otras cosas. Tu sueño te está diciendo que eres libre para alcanzar todo lo que tu corazón desea"-.

-"Me gustaría poder creerte, deseo dejar de ser esclavo de mi trabajo y de la vida que he llevado hasta ahora"-.

-"Podrás hacerlo, lo conseguirás, te lo aseguro" -dijo Galilah con seguridad-. "Escucha con atención lo que voy a decirte. Es muy importante para poder seguir hacia adelante y que no te venza el desanimo, ni el victimismo, el que te busques buenos recursos"-.

- "¿Qué son los recursos?"-.

- "¿Qué es lo que haces para sentirte bien?"-.

-"No te entiendo"-.

- "Veamos ¿cómo te sientes cuando sales a caminar por el bosque?"-.
-"Me siento más tranquilo"-.

-"Muy bien, pues eso es un recurso, un recurso es todo aquello que te produce una sensación de bienestar, puede ser una persona, un objeto, bailar, escribir, estar con amigos, ver una película, hacer ejercicio… todo aquello que te ayude a sentirte bien. Para mí, un buen recurso es tocar mi yembé. Me proporciona paz y serenidad. Es necesario que aprendas a "recursarte" y a prestar atención a lo que está bien en tu vida"-.

-"Pero, en mi vida no hay nada bueno"-.

-"Eso es lo que tú piensas ¿Crees que estar ahora en mitad del bosque, en esta cabaña, no está bien?"-.

-"Sí, pero esto no lo tengo todos los días"-.

-"Ahora ya puedes añadirlo, puedes venir siempre que quieras ¿qué más haces para sentirte bien?"-.

-"Mirar las estrellas por la noche ¿eso cuenta?"-.

-"¿Cómo es para ti mirar las estrellas?"-.

-"Cuando las observo tengo la intuición de que todo algún día cambiará y de que mi vida ya nunca volverá a ser la misma"-.

- "¿Y eso, cómo te hace sentir?"-.

-"Muy bien, aunque enseguida me desanimo"-.

-"De eso se trata, de poder ampliar tu bienestar para que tu cuerpo gane en tranquilidad, estabilidad, confianza y fuerza"-.

-"Todo esto me da miedo…"-.

-"Es natural sentir miedo; el miedo esta en el cuerpo, es energía, sólo energía, no hay nada de malo en ello, sentirlo es bueno, sentirlo te dará fuerza para ir venciendo los obstáculos, el secreto está en sentir"-.

Burro no quería seguir hablando de ello, todo esto le asustaba y le hacía sentirse incómodo, pero quería hacerle una pregunta que no dejaba de rondarle la cabeza:

-"¿Ese amor que sentí ayer, por qué no he podido sentirlo nunca?"-.

-"Sí, cuando eras niño sí lo sentías, aunque ahora no lo recuerdes. Nos han educado para que maltratemos nuestro cuerpo, haciéndonos creer y sentir que nuestro cuerpo no es perfecto, y sí, nuestro cuerpo es perfecto y es el mejor cuerpo que cada uno puede tener. Cuando éramos niños nos enseñaron a que debíamos hacer todo lo que nos dictaba el sistema y la sociedad, negándonos a nosotros mismos.

Si a un niño se le corrige continuamente y se le dice que todo lo que siente y quiere hacer está mal, él acaba sintiéndose inseguro y avergonzado, por lo tanto, acaba odiándose y todo esto lo proyecta hacía su entorno. Su mente ha sido programada para no creer en sí mismo, y el dolor que esto con lleva está grabado en su cuerpo, y aunque su mente quiera olvidar, el cuerpo no puede hacerlo.

El cuerpo es nuestro inconsciente y refleja, cada día, todo lo que hemos vivido, y si no nos hemos criado en un ambiente lleno de amor y armonía, el cuerpo no puede sentir eso. Esto no quiere decir que no haya amor en él, pues, como te dije el otro día, nuestra esencia es amor, sólo que está oculta debajo de todo ese dolor que fuimos acumulando a lo largo de nuestra infancia, en la adolescencia y en nuestra etapa adulta. Para sentir ese amor debemos entrar en contacto con nuestro cuerpo y hacernos conscientes de nuestros traumas. Es absolutamente necesario para, finalmente, poder sentir ese gran amor hacia uno mismo y, luego, hacia los demás"-.

-"¿Y eso cómo se hace?"-.

-"Siendo consciente de que tenemos un cuerpo, entrando en contacto con él, como ayer te mostré. Solo no se puede, se necesita de alguien que te ayude a expresar todo lo que sientes, ya que requiere de mucha fuerza y coraje. Alguien que te ayude a ser consciente del gran dolor que guarda nuestro niño interior"-.

-"¿Niño interior? ¿Quién es ese niño?"-.

Galilah se levantó y se dirigió hacia su escritorio, cogió un sobre y volvió a sentarse en la mesa.

-"Quiero darte esta carta para que la leas cuando estés en tu casa" -Burro la dobló y la guardó-. "El niño interior es una metáfora que se utiliza para describir todo el dolor que hemos experimentado en nuestra infancia y que se despierta cada vez que algo no funciona en nuestro día a día"-.

-"Qué extraño, no lo entiendo"-.

-"No hemos sido educados para sentir nuestro dolor, con lo cual, esto queda grabado en nuestro cuerpo y, con el paso de los años, se despierta cuando alguien nos toca determinados botones, bien sea nuestra pareja, los hijos, los amigos, los padres... Cuando alguna de estas personas te hacen sentir enojado, dolido, rabioso... es cuando ellos te tocan ese botón del que te hablo, y volcamos sobre ellos todo lo que venimos arrastrando a lo largo de nuestra vida ¿Lo entiendes ahora?"-.

- "Mas o menos... ¿Y cómo se puede saber cuándo actúas como niño?"-.

-"Buena pregunta. Por regla general, siempre; cuando pude empezar a observarlo estaba todo el día en él, todo el día, y no creas que te exagero, fue muy revelador para mí intentar no dejarme arrastrar y culpabilizar a los demás de todo lo que me ocurría. Recuerdo que, cuando de verdad conecté con mi niño interior y digo conecté, es porque, al fin, pude sentir todo el dolor que había sentido en mi niñez. Era el mismo pesar, la misma energía, era como haber entrado en una máquina del tiempo y volver al mismo momento y al mismo escenario, estaba muy furioso con él, todo lo hacía mal, no quería ni verlo, lo despreciaba y me daba asco. Sentí que ese desprecio era el mismo que había sentido hacia mí mismo toda la vida. Quería castigarme y maltratarme físicamente, no podía situarme frente a un espejo porque sentía una gran repugnancia, afortunadamente, y gracias a esto, me di cuenta de que les estaba transmitiendo a mis hijos y al mundo todo lo que había vivido y sentido, y decidí que era hora de empezar a amarme, pues todo lo que había construido a mi alrededor no me satisfacía, sino todo lo contrario, me producía más aflicción.

Tuve que aceptar todo lo que había hecho a lo largo de mi vida, pues no había sabido hacerlo de otro modo. Aceptar que me odiaba para empezar a amarme. Tuve que aceptar que mis padres no habían sido lo suficiente amorosos y comprensivos porque con ellos tampoco lo fueron. Antiguamente se escondía todo lo que ocurría dentro del sistema familiar por miedo al qué dirán. Seguramente, muchos de nuestros padres han sido abusados cruelmente de algún modo, ese niño o niña no recibió en ningún momento apoyo por parte de sus padres con lo cual lo acumuló a lo largo de toda su vida y se transformó en odio y rencor, proyectándolo hacia los demás y, en especial, contra sus hijos. Desconocemos la vida de nuestros padres, abuelos, bisabuelos… seguramente nos sorprenderíamos si llegáramos a saber qué es lo que presenciaron y que les ocurrió en su niñez.
Tuve que admitir que mi educación en la escuela fue pésima y muy dolorosa, tuve que honrar todo lo que me había ocurrido a lo largo de mi vida, ya que todo formaba parte de mi aprendizaje para crecer y evolucionar. Que mis padres fueron los mejores padres y los más adecuados para mi crecimiento y evolución. Reconocer esto no fue fácil, pude hacerlo cuando sentí que había dado el mismo trato a mis hijos que mis padres me dieron a mí. No en igual medida, pero sí de una forma muy parecida.

Fue un camino bastante solitario y doloroso y, por mucho que intente explicártelo, jamás podré hacerlo, pues sólo el que lo pasa lo sabe. Todo lo que viví era necesario para ser libre, libre de las creencias absurdas que siempre nos han hecho creer, libre porque hoy hago lo que siento"-.

- "Pero, asumir que cada uno es responsable de lo que le ocurre es muy difícil de aceptar y no creo que mucha gente esté dispuesta a hacerlo ¿Cómo asumimos la responsabilidad de no culpar a los demás de lo que nos ocurre?"-.

-"Aceptando todo lo que vive dentro de nosotros. Cada persona con la que te cruzas en tu día a día tiene algo que mostrarte. Las personas que más ira despiertan en ti son las encargadas de revelarte lo que vive en tu interior y a las que más atención debes prestar. Son tu reflejo, son mensajeros que vienen a mostrarte todo lo que está por sanar en ti. Los asuntos pendientes de tu infancia, tus miedos, bloqueos… todo lo que cuando eras un niño no pudiste ni supiste gestionar"-.

-"Pero es muy difícil no culpabilizar a nadie de lo que te ocurre. Cuando Burrita me traicionó tuve que echarla de casa por lo que me hizo; me engañó y no creo que yo sea el culpable, yo no la empujé a los lomos de Caballo" -dijo Burro indignado-.
-"Cuando una pareja está unida ninguna otra persona puede separarla, quizás debías de preguntarte ¿quién traicionó a quién?"-.

-"¿Qué me estás queriendo decir? Yo no la traicioné, la amaba, estaba muy enamorado"-.

-"A ella no la traicionaste, pero sí a ti mismo"-.

-"¿Cómo dices?"- dijo asombrado-.

-"¿Cuántas veces le decías que no te escuchaba y que no te amaba? ¿Cuántas veces sentiste que aquello finalmente se rompería? ¿Cuántas veces supiste en el fondo de tu corazón que no estabas siendo fiel a ti mismo porque estabas con alguien que no te daba lo que tú merecías? ¿Cuántas veces negaste lo que sentías por miedo a estar solo? dime ¿Cuántas veces? ¿Cuántas veces te negaste?"-.

Burro agachó la cabeza avergonzado, Galilah tenía razón ¿cómo podía saber todo aquello?

-"Agradece que Caballo se cruzara en vuestro camino, de otra forma seguirías atado a una relación enferma. Muy pocas relaciones son sanas, la gran mayoría se sostiene por el profundo pánico que todos tienen a estar solos, la mochila que todos cargan les lleva al fracaso ciego"-.

-"¿Qué es el fracaso ciego?"-.

-"El fracaso ciego es algo que sientes muy dentro de ti y no quieres ver ni aceptar; es la rutina, la indiferencia, el asqueo volcado hacia el otro, es mantener una relación muerta por no querer enfrentarse a la soledad a la que tanto todos temen. Prefieren fingir permaneciendo ciegos a lo que sienten"-.

- "¿Y qué se supone que hay que hacer para que una pareja funcione?"-.

-"Lo primero es ser conscientes de que en la pareja buscamos todo el amor que no supieron darnos en nuestra infancia. Asumir esto es de vital importancia para que la pareja pueda funcionar, el ser consciente de esto es un gran paso. Tiene que haber un equilibrio, uno no puede dar más que otro, ser muy consciente de lo que cada uno está dispuesto a dar y a recibir, pues, de otro modo, el otro estará lleno de resentimiento, pues no habrá recibido lo que esperaba. Todos estamos hambrientos de amor, pues, en nuestra infancia, nadie supo darnos todo el amor, el apoyo y la comprensión necesarios. Nos pasamos la vida mendigando amor a todas horas y una manera de mendigar amor es a la pareja.

Cuando encontramos a la persona "ideal" siempre pensamos que esta va a ser la buena, la media naranja, la que nos entiende y comprende, la mejor y mientras la pasión dura así es, pero cuando la pareja nos refleja nuestra mochila nos volcamos contra ella y no dejamos de culpabilizarla por todo el dolor que tenemos guardado desde nuestra infancia.

El gran reto de la pareja es la danza de la misma, y para que esta funcione hay que ser tremendamente consciente de que ella es nuestro reflejo y de que nos va a estar espejando siempre para que podamos evolucionar, con lo cual, lo mejor es asumirlo lo antes posible y permitirnos ser vulnerable ante ella. Debemos aceptarnos y mostrarnos tal y cómo somos y sentimos en cada momento, mostrarnos con nuestros miedos e inseguridades, con el alma desnuda, así es como una pareja crecerá fuerte y podrá caminar junta"-.

-"Uf, pero esto es realmente difícil ¿cómo puedo mostrar mis miedos ante mi pareja sin que se ría de mi?"-.

-"La sociedad ha educado al hombre para que no muestre su parte más femenina y sensible, y, si la muestras, estás acabado. Tendrás que comprobarlo por ti mismo, y, si no lo haces, tu relación no funcionará, será superficial e inmadura, y, si en todo caso, tu pareja llegara a reírse al mostrar tu vulnerabilidad, siéntete afortunado, porque tendrías que ver qué es lo que hay detrás de ese comportamiento. Si de verdad estás dispuesto a estar con una persona que no valora esa parte tan hermosa de ti. Sólo una pareja capaz de mostrar su vulnerabilidad podrá vivir en amor, paz, y armonía"-.

-"¿Y el amor? ¿Qué es realmente el amor?"-.

-"Recuerdo que la primera vez que me abrazó mi terapeuta era tan grande e inmenso el amor que pude sentir que me causó miedo. No sabía qué me estaba ocurriendo. Al principio me gustó ser acogido en sus brazos, pero, conforme iban pasando los segundos, me sentía más incómodo, no quería que me abrazara por mucho tiempo. Él decía que no tenía prisa, y que estaba allí para darme todo el amor que yo necesitara. Aquel día entendí que yo mismo rechazaba el amor.

¿Qué motivos tenía para que me diera tanto pánico? ¿Qué me

había ocurrido en mi infancia? ¿Por qué me asustaba tanto? ¿Para qué había cerrado mi corazón? ¿Qué es lo que no quería sentir?

Supe que yo mismo tenía miedo de amar y que hacía mucho tiempo que mi corazón se había cerrado, cerrado porque no quería exponerse, no quería volver a sentir el abandono y la vergüenza de ser apartado y despreciado.

Un tiempo más tarde fui consciente de por qué había fracasado en mis relaciones y por qué había sufrido tanto. Mi forma de amar era a través del sufrimiento. Era lo que había vivido en mi infancia, en mi hogar. Había aprendido que el amor era sufrimiento.

Meses más tarde entendí por qué odiaba tanto a las mujeres, y, aunque deseaba estar con ellas y poder tener una relación sana y duradera, me di cuenta que, en el fondo de mi corazón, las odiaba, era un odio inconsciente, un odio que había visto en mi padre. Cuando eres niño lo único que quieres es que tus padres te amen y una forma de buscar su aprobación y su amor y de serles fiel es hacer lo mismo que ellos. Un niño sólo busca amor y la aceptación de los padres y lo hará de la mejor forma que pueda.

Tantas veces lo había despreciado creyéndome mejor que él y resulta que me había convertido en él, era un tirano. Entonces fue cuando entendí que nadie da nada que no tiene, es imposible. Fui consciente del trato que mis padres habían recibido en su infancia y entendí que ellos lo hicieron lo mejor que supieron. No sé que pudo ocurrirle a mi padre en su infancia para que odiara tanto a las mujeres, seguramente le ocurrió algo muy doloroso ¿quién sabe?

Ahora sé que el amor, ese amor que tantas veces proclamé a los cuatro vientos por mis parejas, nada tiene que ver con el amor de verdad. Yo no podía dar amor a nadie, no conocía el amor, sólo conocía el amor a través del sufrimiento, del apego y de la manipulación.

Me preguntas ¿qué es el amor? El amor es una palabra que se nos queda grande, se nos llena la boca hablando del amor y en nombre de él y la verdad es que no tenemos ni idea del verdadero significado de la palabra amor.
Hemos creído que amamos y lo que hacemos es manipular a los demás para no sentirnos solos y abandonados. Buscamos en los demás lo que no sabemos darnos a nosotros mismos. No sabemos qué es lo estamos dispuestos a darnos a nosotros, con lo cual, es completamente imposible que podamos ofrecérselo a los demás. ¿Qué estás dispuesto a darte? ¿Lo sabes? ¿Crees que puedes darte amor y comprensión? ¿De verdad lo crees? ¿Crees que fuiste educado para ello? ¿Qué nos hace pensar al ser humano que podemos dar amor cuando en el fondo de nosotros sabemos que no podemos ofrecerlo? Nuestros padres no supieron. No sé qué clase de fantasía te habrás creado para sobrevivir todos estos años, pero te aseguro que no es real.

-Burro intentaba buscar respuestas a las preguntas formuladas por Galilah.

-Piensa, piensa" -dijo Galilah- "Jamás darás algo que no hayas vivido y sentido de verdad, el amor no llega de la noche a la mañana, el amor llega cuando, después de un proceso interior profundo, empiezas a florecer porque ves y sientes cosas en ti que jamás habías sentido antes. Te amas, te respetas y valoras y entonces comienzas a darte cuenta que no dependes de tener a alguien a tu lado para ser dichoso. Entonces es cuando podrás compartir y dar lo que de verdad eres, mientras tanto, sólo darás lo que te dieron en tu infancia: rencor, juicios, sufrimiento, miedo, manipulación, falsa moralidad, decepción, frustración… ¿Me preguntas qué es el amor?

El amor es fidelidad, el amor es vulnerabilidad, el amor es confianza, el amor es tolerancia, el amor es compasión, el amor es respeto, el amor es ternura, honor, delicadeza, suavidad, sensibilidad, el amor es coraje, es fuerza, es valentía, es pasión, fuego…
Burro respiró profundamente – "Cuando hablas de la fantasía que me he creado ¿a qué clase de fantasía te refieres?"-.

-"Me refiero a que a la gran mayoría de nosotros, cuando hemos sido niños, se nos ha privado de amor, comprensión y apoyo, entre otras cosas. Es más, fuimos avergonzados; muchos fuimos abusados de forma emocional, física, psíquica, verbal, y sexual por padres y educadores. El niño se siente culpable por todo ello y evita sentirlo, de modo que trata de olvidarlo y crea su fantasía minimizando todo lo vivido. Mi padre solía decir que su padre era fantástico y muy amoroso. Esto me hacía qué pensar, ya que, de haber sido así, su comportamiento hacia mí hubiera sido muy diferente. Mi padre, al igual que la gran mayoría de todos nosotros, nos desconectamos de nuestro cuerpo para no sentir el gran dolor que cargamos"-.

Burro no dejaba de sorprenderse ¿Cómo podía ser que tuviéramos tanto dolor como Galilah decía? Él no podía sentirlo ni apreciarlo.

-"No puedo ver ni percibir ese gran dolor del que tanto hablas, Galilah ¿Por qué?"-.

-"Porque es inconsciente. Un ciego nunca podrá ver lo que tiene frente a él porque sus ojos no pueden ver nada; pues lo mismo ocurre con nuestro dolor, la única manera de poder verlo y sentirlo es haciéndose consciente de él, y eso, estimado amigo, es un proceso fisiológico y sólo podrás ir ahondando en él en la medida que vayas trabajándolo. Conforme te des el permiso para sentir tu cuerpo más y más capacidad tendrás para experimentarlo y contenerlo"-.

-"¿Cómo podríamos evitar todo esto? ¿Cómo podríamos hacer para que creciéramos en total paz y armonía?"-.

-"Deberían enseñarnos a amarnos desde niños y, sobre todo, deberían enseñarnos a ser padres para que todo esto pare de una vez. Ser padres es muy complicado, bastante más de lo que imaginamos. Deberían existir escuelas para padres. Todos deseamos ser padres y mi pregunta es: ¿Por qué? y ¿Para qué? Ser un buen padre depende de cómo te hayan tratado en tu infancia, pues ello va a repercutir en cómo trates a tus hijos. Si te desprecias, inconscientemente, despreciarás a tus hijos y querrás cambiarlos, nunca los aceptarás tal y como son, pues ni tú mismo te aceptas. Sentirás que nunca eres lo suficientemente bueno como padre. Se nos ha enseñado que ser padres es cubrir sus necesidades básicas y no darles el apoyo emocional que necesitan. Como no sabemos hacerlo, intentamos compensar llenándolos de artilugios innecesarios para no sentir la gran culpa que llevamos a cuesta.
La culpa hace que los manipulemos para sacudirnos de todo lo que habita en nuestro interior. El grado de manipulación es muy sutil y sorprendente, y sólo se hará evidente conforme vayas sanando.

Siempre viví con la eterna culpa de que no era un buen padre. Nunca consideré a mis padres buenos padres, con lo cual, era lo mismo que veía en mí. Era un niño jugando a ser padre. Vivía atormentado, todo el mundo hablaba de sus hijos y de "la buena relación que tenían con ellos" y yo ni tan siquiera era capaz de mantener una conversación saludable con ellos, pues lo único que se me ocurría era hacerles las mismas preguntas de siempre: ¿Qué tal estás? ¿Qué has hecho hoy? Esto me creaba más y más culpa. No sabía jugar, ni hablar con ellos y la mayor parte del tiempo estaba enfadado, gritándoles y haciéndoles sentir culpables por ello. Los manipulaba y manejaba la situación para evitar sentir mi propia culpa. Sentía desprecio hacia ellos y esto me hacía sentir aun peor. No entendía por cué, al ser su padre, los despreciaba, no era un sentimiento que un buen padre debería tener hacia sus hijos. Un buen día empecé a observar cómo ellos me despreciaban. No podía entender qué estaba ocurriendo. Se comportaban conmigo como lo hacían mis padres cuando era niño. No lograba entender hasta que un día sentí desprecio y asco por mí mismo. Fue esclarecedor y muy doloroso. Sentía un asco del que no podía sacudirme de ninguna manera. No me quedó más remedio que aceptarlo y empezar a amarme; de repente, nació una compasión en mí e intenté abrazarme y acogerme. Te aseguro que no fue nada fácil, fue bastante doloroso, pues tuve que aceptar que yo mismo me despreciaba. Fue en ese momento cuando me di cuenta que el mismo desprecio que sentía hacia ellos no era más que el desprecio que sentía por mí mismo.

Pude observar cómo mis hijos estaban adquiriendo los mismos patrones de comportamiento que yo. Vi como mis hijos se estaban convirtiendo en mí. Ellos se miraban como yo los había mirado y se trataban igual que yo. Rogué a Dios porque esa mirada de odio que siempre vi en los ojos de mi padre hacia mí no se la hubiera transmitido a ellos, pues así sería como se verían. Tuve que pedirles perdón y lo hice a través de una carta, pues me daba mucha vergüenza hablarles desde el corazón. Sentía vergüenza al hablarles de amor. Fue necesario para empezar una nueva vida de amor y de respeto. Es curioso como el ser humano no tiene vergüenza a la hora de maltratarse y sí a la hora de amar.

Decidí amarme y respetarme por encima de todo, y esto implicaba que debía escucharme y saber realmente qué es lo que yo sentía y quería hacer con mi vida. Quería que mis hijos tuvieran como referente a un padre que se respetaba y amaba, pues, de no ser así, ellos entrarían en la misma espiral en la que yo estuve durante años. Esto significaba hacer cosas que no había hecho nunca.

Empezar a confiar en mí, en mi talento y salir de la queja y el victimismo.

Nuestros hijos hacen lo que les pedimos para satisfacernos, todo porque les demos el amor que ellos necesitan. Cuando son pequeños no hay problema, podemos manejarlos a nuestro antojo, pero, amigo, cuando son adolescentes empiezan a rebelarse y es cuando la manipulación, a través del castigo y del miedo, se hace más evidente.

Educar a un chico a través del castigo, la manipulación y el miedo es lo peor que podemos hacer. Así no les enseñamos nada, sino todo lo contrario. Les estamos incitando a que no se respeten, ya que ellos cumplen con nuestros deseos por miedo a que dejemos de amarlos. Esto les creará más rabia y llegarán a la etapa de adulto, igual que nosotros, con una gran falta de amor y de respeto hacia ellos mismos.

Conforme vayas siendo más consciente, más te vas a dar cuenta de lo importante que es educar a un niño.

Todos, de una manera u otra, hemos sufrido la falta de amor y de respeto. Quiero que salgamos hacia fuera, quiero mostrarte algo: Ven, acércate al riachuelo"-.

Burro comenzó a ponerse nervioso y su corazón se aceleraba por segundos.

-"Acércate más y mira tu rostro en el reflejo del agua ¿Qué es lo que ves?"-.

Burro apartó su rostro, no le gustaba lo que veía: orejas grandes y peludas, una boca muy grande con unos dientes enormes, piernas delgadas y huesudas…

Galilah apoyó su mano en el corazón de burro. -"Vuelve a mirar"-le dijo- "El que ves reflejado en el agua no es quien tú crees ser"-.

Burro volvió a girar su cabeza y, de repente, vio reflejado un rostro que nada tenía que ver con el suyo. Era un rostro diferente, el de un hombre.

-"¿Qué está ocurriendo? ¿Por qué mi rostro ha cambiado?"-.

Le temblaba todo el cuerpo. No entendía nada. De nuevo el rostro de burro volvió a aparecer frente a él.

-"El rostro que tú crees tener no es tu verdadero rostro. Ese es el disfraz que adquiriste en tu infancia, debido a las etiquetas que te pusieron, ya que no pudiste satisfacer las expectativas de tus padres y educadores. La impotencia de no saber hacerlo de otro modo hizo que ellos te hicieran creer que eres burro, torpe y vago.

Sé que para ti tuvo que ser muy difícil asistir a la escuela. Sé que sufriste violencia física, psíquica y emocional, y que en tu clase tú no eras importante. Nunca nadie te preguntó cómo te sentías y que era lo que necesitabas.

Sé que te resultaba muy difícil poder concentrarte y aprender. Nunca nadie te brindó un abrazo cuando te sentiste sólo y abandonado, y nadie se interesó en conocerte, pues no eras más que un chico con unas notas mediocres que no tenía cabida en la sociedad. Ellos te evaluaron según el criterio que impone el sistema, pues ellos, a su vez, también fueron evaluados por este.

Te pusieron su propio disfraz para que caminaras como ellos, para que comieras como ellos, para que amaras como ellos. Te pusieron un disfraz, te cortaron tus alas y perdiste tu libertad.

Sé lo que has pasado. Yo pasé por lo mismo, también me creí un burro como tú, y también fui menospreciado y olvidado. Recuerdo cómo, en una ocasión, una de mis "maestras" me puso unas orejas de burro y me paseó por todo el colegio, avergonzándome ante todos los demás niños. Aún puedo escuchar esas risas, todavía me duelen. Me he sentido avergonzado durante la mayor parte de mi vida. Cuando crecí, mi trabajo fue cargar y arar el campo al igual que los burros, pues no me creía capaz de hacer otra cosa.

He pasado gran parte de mi vida asumiendo que no podía ser nadie en la vida porque en mi niñez se me dijo que no valía para estudiar. No podía quedarme con todo lo que intentaban enseñarme porque estaba la mayor parte del tiempo en shock y estresado, intentando agradar a mis educadores para ser querido y aceptado. Mi déficit de atención, mi falta de autoestima, mi vergüenza… todos ellos síntomas de mis traumas me impidieron ser y expresar lo que yo era en esencia.

Ahora sé que nada de lo que me hicieron creer es cierto. Tan sólo volcaban sobre mí su propia frustración, frustración que no querían asumir y que proyectaban sobre mí y los demás chicos"-.

-"¿Cómo puede ser que no sea un burro? llevo toda mi vida actuando y comportándome como un burro no puedo creerte, no puede ser cierto, ¿El rostro que acabo de ver el riachuelo no es más que una alucinación?"-.

-"Creo que por hoy ya es suficiente, deberías marcharte a casa y descansar, mañana te espera un duro día de trabajo"-.

-"No puedo creer lo que me dices, lo siento, pero no puedo darte la razón ¿Cómo es posible que lleve toda la vida creyéndome que soy un burro? Estás loco, Galilah"-.

-"No es necesario que me des la razón, eso sólo forma parte de nuestro ego. No es sólo que yo te lo diga, tú has podido ver tu reflejo, sólo intento transmitirte quien eres realmente, y para ello debes creer en ti y, lo harás más adelante, no te quepa la menor duda"-. Burro se quedó sin palabras, no supo que contestar, estaba muy enfadado.

-"Creo que tienes razón, me marcharé antes de que sea más tarde"-.

-"¿Quieres que te acompañe?"-.

- "No, prefiero caminar solo"-.

No dejaba de darle vueltas al rostro que había visto ¿Cómo podía ser que no fuera un burro? No le encontraba explicación, se preguntaba que si él no era un burro, quien era realmente. ¿Y sus vecinos? No podía ser que todo el mundo viviera engañado sin saber quiénes eran. Un intenso dolor de cabeza no le dejaba pensar con claridad y llegó a la conclusión de que había sido un espejismo.

Al llegar a su casa durmió profundamente hasta el día siguiente.

Ese día, su jornada de trabajo se hizo más larga que de costumbre. Se complicaba debido al fuerte viento que soplaba. Al mirar hacia la carretera, vio pasar un gran y lujoso carro. En él iban Burrita y Caballo. Éste lo saludó con una sonrisa burlona, mostrándole su reluciente y gran dentadura. Burro agachó la cabeza avergonzado, sin saber qué hacer.

Una fuerte tormenta se avecinaba y decidió irse a casa. Al sentarse en el sofá, como de costumbre, para ver la televisión encontró en el suelo la carta que le había dado Galilah el día anterior. Tuvo miedo de abrirla, pero pensó qué más podía pasarle, abrió la carta y comenzó a leerla:

Carta de mi niño interior

Mira a tu corazón, hay una luz que brilla ¿la ves? Esa luz eres tú y está llena de sensibilidad, amor, ternura… una ternura que lleva contigo desde que eras un niño, esa luz es tu niño ¿lo recuerdas? Siempre dispuesto a jugar y a soñar. Soñaba que, al crecer, alcanzaría todos sus sueños.

¿Recuerdas aún esos sueños? son tuyos y están ahí, esperándote, esperando a ser cumplidos, esperando a que vuelvas a confiar en ti, esperando a que te llenes de ti, de tu amor, de ese amor que inunda todo tu pecho y que llena todo tu ser, ese amor que te hace único y especial.

Ese niño no es otro que tu niño interior, o sea, yo y tú, los dos, y estoy esperando a que me escuches ¿Puedes verme? ¿Y sentirme? ¿Puedes sentirme? Hace tiempo que intento hablar contigo sin ningún resultado, pidiéndote a gritos amor compasión y respeto. Me siento solo, triste y abandonado… necesito que me escuches… me gustaría tanto que te ocuparas de mí, me olvidé de reír y de disfrutar de la vida, me olvidé de vivir, de soñar, me olvidé de tantas cosas… ¿Recuerdas cuándo fue la última vez que me escuchaste? ¿Cuánto tiempo hace que no me abrazas y me acoges en tu pecho para darme todo el amor que necesito? Hace tanto tiempo que te olvidaste de mí... Nada de lo que te digo o siento tiene la mayor importancia para ti. Necesito que me abraces y que intentes satisfacer mis necesidades ¿Sabes cuales son mis necesidades? Seguramente ya lo olvidaste, ahora tus necesidades son complacer a los demás, porque tienes miedo de no sentirte válido, amado o respetado. Mírate, llevas toda tu vida intentando encontrar el amor ahí afuera, sin darte cuenta de que el verdadero amor está aquí adentro, desde donde yo te hablo, en nuestro corazón.

Me gustaría que me cogieras de la mano y caminaras conmigo, amándome, respetándome... y que, por encima de todo, no permitas que nadie me diga cómo debo vivir mi vida. Mírate; has crecido, ahora nadie puede avergonzarte, nadie puede apartarte y aislarte de tu corazón, no. Si tú así lo deseas, nadie tiene derecho de hacerte sentir mal, ahora eres grande, grande y con una gran fuerza interior, una fuerza que te ayudará a traspasar todos tus miedos y que te llevará a cumplir todos tus sueños. Esos sueños que un día dejamos olvidados. Es hora de luchar por ellos y de vivirlos, es hora de saber quiénes somos y empezar a caminar, es hora de luchar por nosotros, por nuestro sentir y por lo que nos dicta nuestro corazón.

Mira en el fondo de tu corazón; allí junto a él hay un pequeño y mágico cubo, es del color del arco iris ¿puedes verlo? En él están guardados todos nuestros sueños; introduce tu mano en él y coge uno, siéntelo... woaooo... ¿Recuerdas las historias que inventabas y escribías sobre dragones? Eran fantásticas, luchabas con tu gran espada contra ellos hasta que les vencías y luego cabalgabas sobre ellos, eras un gran guerrero ¿Lo recuerdas? ¿Qué fue de nuestros sueños? ¿Qué paso con nosotros?

¿De qué tienes miedo? ¿De qué te juzguen? ¿Cuánto tiempo hace que has dejado de hacer lo que verdaderamente sientes?

¿Durante cuánto tiempo más vas a seguir negándome por miedo a sentir tu soledad?

¿Para qué necesitas la aprobación de los demás? Puedes decirme qué sentido tiene vivir la vida de los demás y no la tuya ¿Puedes decírmelo?

Quizás tengas miedo a estar solo, pero, si te das cuenta, llevas toda tu vida solo, y seguirás solo a menos que me escuches. Necesito liberar mi dolor y mi angustia, necesito liberarme de toda la presión a la que llevas sometiéndome toda la vida, necesito sacar toda mi sensibilidad, mi ternura y todo mi amor. Está oprimido en mi pecho, en mi corazón, y me ahoga, necesito de ti, por favor, escúchame, soy amor y tú eres amor; no sigas negándome por más tiempo.

Abrázame y dime que siempre estarás ahí, pese a las dificultades, que caminarás junto a mí y que has entendido que es hora de comenzar a vivir sin presión y sin condicionamientos, con total y plena libertad.

Abrázame, ámame y respeta mis sentimientos por encima de todo. Recuerda que tú, y solo tú, puedes darte ese amor, y, sobre todo, quiero que recuerdes que los dos somos únicos y especiales.

Ámame, ámate.

Burro dejó caer la carta al suelo, se dirigió hacia su habitación y cayó postrado, de rodillas, al suelo, no podía creer todo lo que estaba sintiendo, pudo reconocer y sentir a su niño, cansado, triste y enfadado. Respiró profundamente y sintió que nada de lo que él creía que había vivido y sentido a lo largo de su vida era real, su vida había sido una gran pantomima, como una gran obra de teatro en la que todos los actores interpretan el gran papel de su vida.

Al día siguiente, por la tarde, se acercó al viejo tronco; allí estaba Galilah, como cada tarde, disfrutando del atardecer.

-"Hola, Galilah"-.

-"Buenas tardes"-.

-"Quería darte las gracias por la carta; me ha llegado al corazón. Estoy agotado y sin ganas de vivir, harto de sentirme inútil, de no sentirme capaz de hacer cosas diferentes, estoy cansado, muy cansado de mirarme en el espejo cada mañana y no ver más que un montón de basura, toda esa basura que recojo cada día al barrer las calles de mi ciudad"-.

-"Ese que ves delante del espejo no es más que la propia opinión que tienes de ti mismo, por supuesto adquirida debido a las creencias que te inculcaron, pero ahora ya lo sabes y es muy importante que empieces a sanar esas creencias para que tu propio disfraz vaya cayendo. Debes empezar a amarte para comenzar a brillar. Debes asumir la responsabilidad de quien eres para comenzar una nueva vida basada en la libertad de elección"-.

-"Cambiar todas esas creencias y empezar a creer que soy capaz de hacer todo lo que yo quiera me resultará muy difícil. Yo no voy a saber brillar, no sé cómo se hace"-.

-"Tranquilo" -dijo Galilah- "Por supuesto que no es fácil, lo que has aprendido en todos estos años no vas a poder cambiarlo en un instante, todo esto te va a llevar tiempo. Cuando empecé a darme cuenta de mi gran fuerza, no podía sostenerla, era demasiado para mí. Sentí que tenía un profundo miedo a brillar, ya que en mi niñez negué mi poder y mi creatividad por complacer a los demás. Me convertí en un mendigo, poniendo mi mano para recoger unas pequeñas migajas de amor a cambio de hacer lo que ellos creían que estaba bien.

Conforme iba sanando pude observar que sentirme con poder implicaba tener que tomar riesgos. Tenía que mover el culo y salir de mi zona de comodidad.

Por aquel entonces recibía la ayuda de un gran maestro. Me dijo que no debía esconderme por más tiempo, que debía enfrentar todos mis miedos, de lo contrario, toda mi energía creativa se volvería en contra de mí, transformada en más rencor y resentimiento. Me animó a hacer lo que yo siempre soñé, me dijo que era un ser muy especial, con una capacidad ilimitada y que podría hacer todo lo que yo quisiera y me propusiera y que, poco a poco, conforme fuera sanando, toda mi infancia honraría todo lo que había vivido.

Había llegado el momento de salir de mi escondite y saltar al mundo, y para ello tenía que aceptar mis propios miedos y abrazarlos, pues no eran más que una proyección de mi pasado y de mi mente.

Conforme fui sintiendo mi dolor, mi miedo a brillar fue disminuyendo y pude empezar una nueva vida, una nueva vida en la que soy libre para elegir y decidir qué hago en cada momento"-.

-"Yo no voy a saber, sé que no puedo"- dijo Burro muy asustado-.

-Si yo he podido, tú también podrás. Recuerda que hay una fuerza inmensa que late dentro de ti y que es la misma fuerza que late dentro de todos. Es esa fuerza que habita en nuestro interior, en nuestro corazón, que quiere salir a la luz y que ya no está dispuesta a que la sigas reprimiendo por más tiempo. Esa fuerza es amor, paz, armonía, equilibrio, sabiduría, poder, firmeza, valor, respeto, sensibilidad, vulnerabilidad, ternura, confianza, honor, dignidad, determinación, valentía, coraje… todo esto eres tú, con lo cual, llegarás a alcanzar todos tus sueños. Alégrate, porque, por fin, la verdad se pone frente a ti, podrás empezar una nueva vida y puedo asegurarte que no tendrá nada que ver con la vida que llevas ahora"-.

-"No sé si tan siquiera estoy dispuesto hacerlo, además, solo no podré"-.

-"Por supuesto. Nadie puede hacerlo solo y nadie puede hacerlo por ti, deberás encontrar a un buen terapeuta que te ayude, un terapeuta que te ayude a conectar con tu cuerpo"-.

-"¿Un terapeuta? Pero si yo no estoy loco, yo no necesito ningún terapeuta"-.

-"Tener la ayuda de un terapeuta no es sinónimo de estar loco, eso es lo que nos han hecho creer. Es muy importante que busques ayuda, de no ser así, vivirás engañado, él te guiará y te enseñará a conectar con tu cuerpo y con tus sensaciones para que aprendas a gestionar, de manera pausada y gentil, todo tu dolor. Deberás tener mucho cuidado en la elección, pues ese terapeuta deberá haber pasado por el mismo proceso por el que debes pasar tú. Conforme vayas creciendo, irán apareciendo las personas adecuadas en tu vida que te ayudarán a evolucionar. Es un camino muy doloroso y solitario, pero también muy gratificante, cada persona tiene su proceso y esto hay que respetarlo, aprende a respetarte y ello te llevará a respetar a los demás. No olvides nunca que esto es un proceso fisiológico, por lo tanto, debes tener paciencia. Deberás aprender a no dejarte llevar por tu mente, es muy sutil y puede engañarte fácilmente, creyéndote siempre en posesión de la verdad, pero esto no será más que tu propio ego haciéndote creer mejor que los demás. El ego quiere sobresalir pese a todo.

Sé humilde y ve en cada una de las personas con las que te cruces una fuente de aprendizaje. Todas vienen a enseñarte algo. El día que creas que ya lo tienes todo aprendido, ese día, es el que más tienes que aprender. Sé fiel a ti mismo y no te preocupes por lo que digan los demás.

Tendrás que empezar a descubrirte, descubrir quién eres realmente, dejarás ese disfraz que tanto te pesa para vivir siendo fiel a tus sentimientos. Deberás hacerlo si no quieres seguir muerto en vida"-.

-"¿Muerto en vida?"-.

-"Sí. La muerte es esa rutina diaria que se instala en tu vida. Es miedo a vivir. Si no vives y experimentas todo lo que sientes, eso es estar muerto. Si quieres morir deja de vivir tus sueños y habrás perdido tu dignidad y creerás estar vivo, pero, en tu interior, te sentirás muerto, viviendo una vida llena de insatisfacción. Todo por encajar en la sociedad y sentirte aceptado. Esto es estar muerto en vida.

Si vives obtendrás tu propio cielo, y, si decides morir, tendrás tu propio infierno. Tú creas tu propio infierno y tu propio cielo. Los dos estamos viviendo el mismo momento y en el mismo día, un día nublado en el que para mí está saliendo el sol y en el que para ti puede ser que se aproxime una tormenta. El cielo y el infierno están aquí y ahora, en este momento, dentro de ti. Depende de ti, y sólo de ti, lo que tú quieras vivir.

Haz cosas que te lleven a tu realización y crecimiento personal. Esto es lo que te traerá la verdadera abundancia. No dejes que nadie tire por tierra tus sueños. Sé perseverante y continua alimentándolos día a día. Nunca olvides que debes amarte por encima de todo. Ahí está la clave de tu éxito. No te dejes morir, y todos los días imagina cómo te gustaría que fuera tu mundo y créalo, estás capacitado para ello. Eso sí, no te olvides nunca de pisar tierra, seguirás necesitando de tu actual trabajo u otros hasta que te veas lo suficientemente capacitado como para hacer lo que siempre soñaste. Es importante que recuerdes esto, nada se transforma de la noche a la mañana, sino a través de un profundo y largo proceso.

Pregúntate: ¿cual es sentido de honor desde oírte del corazón? y si tu vida es como tú quieres vivirla realmente.

Recuerda que debes amar, escuchar y respetar tu cuerpo. Es necesario que le des la importancia que merece. Aprende a sentirlo. Él te dará alas para alcanzar tu libertad"-.

-"¿Estarás a mi lado, Galilah?"-.

-"Por supuesto, siempre estaré aquí, contigo, apoyándote en tu camino y en tu proceso; pero no te olvides nunca de que tú eres tu propio maestro y que nadie puede saber lo que tú sientes, solo tú"-.

-"Quiero agradecerte todo lo que has estado haciendo por mí en este tiempo, me siento muy afortunado por haberte encontrado, eres un hombre muy sabio, gracias, Galilah, muchas gracias"-.

-"Gracias a ti por confiar en mí; aún me queda mucho por aprender, toda una vida… gracias por permitirme caminar a tu lado; llegarás a ser un hombre muy sabio también"-.

-"¿De verdad lo crees?"-.

-"Por supuesto, tu camino y el descubrimiento de ti mismo te llevarán a conectar con tu propia sabiduría"-.

Mientras el sol se escondía tras las montañas, y sentados en el viejo tronco, Burro abrazó a Galilah como un niño pequeño cuando abraza a su padre, esperando que este gesto le sea devuelto; Galilah le estrechó a su lado y juntos observaron el hermoso atardecer que la existencia les estaba regalando.

Esa misma noche soñó que caminaba por un viejo puente de madera, atado con unas cuerdas ya desgastadas por el paso de los años, sus piernas le temblaban, miraba hacia atrás y veía cómo las viejas tablas caían al precipicio, ninguna hacia adelante, sólo la tabla que sujetaba sus pies, era como andar en el vacío y dar un paso hacia lo invisible. De pronto, a su lado, apareció un anciano indígena, de unos noventa años, de pelo blanco y muy largo. Sus ojos brillaban como dos estrellas en el firmamento, su rostro estaba iluminado y su voz era la más serena y tranquila que jamás había escuchado.

-"Mi nombre es Melerka -le dijo- significa corazón, soy un mensajero de Dios, al igual que tú, sólo tienes que llamarme cada vez que te sientas perdido y confuso. Estoy aquí para ayudarte, al igual que Galilah. No temas seguir adelante, cruzar este puente significa que no puedes retroceder a tu pasado y que deberás confiar en el presente. Bajarás por un sendero escurridizo; no temas, no puedes caerte, pero sí precaver las consecuencias. Después vendrá un rellano en el cual confiarás más fuertemente en tu instinto y desde ahí hay muchas puertas, cada puerta te indicará un espacio de ti, cada puerta es una experiencia nueva, ábrelas sin temor, experimenta, descubre y luego ciérralas si no te interesa. Ese es el destino, pero no te preocupes en que tienes que abrir todas ¿cómo? o ¿cuándo? Simplemente que la curiosidad te lleve a la experiencia y que la experiencia te lleve a poder así liberar memorias del inconsciente. Relájate, disfruta, es momento de recoger la cosecha, no es momento de seguir sembrando. Y en la cosecha habrá flores y frutos y las dos son importantes para tu propio destino. No te alejes nunca de ti mismo y de esa forma recuperarás tu fuerza.

El anciano indígena se alejó y desapareció como el humo de un cigarrillo. Burro despertó empapado en sudor frío; asustado, salió a la calle, corrió y corrió hasta que se quedó sin fuerzas; cansado, cayó de rodillas al suelo. Levantó su cabeza hacia el cielo y, mirando a las estrellas, dijo: "¡Cómo pude obviarte!" -gritaba- "¡Tanto tiempo anhelando encontrarte ahí afuera cuando, en realidad, vivías dentro de mí! Ahora, que sé que no estoy solo, ayúdame a confiar en mí ¡Ayúdame! para poder caminar libre"-. Inclinó la cabeza hacia abajo, y poniendo la mano derecha en su pecho, se dijo: "-Dios mío, dame fuerzas para ganar esta gran batalla que es mi vida"-.

Estas palabras y ese fuerte deseo de sentir la vida hicieron que su gran bocaza se transformara en una varonil boca. Desde ese mismo momento sintió que sólo un profundo cambio desde su interior podría transformarlo en un gran hombre. Descubrió que podía caminar y, con cada paso que daba, sus patazas se transformaron en unas vigorosas piernas, capaces de caminar con valentía y coraje. Una sutil y gentil danza comenzó a nacer de sus pezuñas, éstas danzaban una y otra vez, y esa danza le llevó a moldear su presente. Sus pezuñas se transformaron en unas atractivas manos capaces de relatar a través de la escritura las más fascinantes e increíbles historias.

Sus manos aprendieron a acariciar su vasto rostro y lo hicieron bello, con grandes ojos y con una profunda mirada. Pudo acariciar todo su cuerpo, sentir cada caricia en cada poro de su piel y sintió toda la fuerza y el poder que su cuerpo había estado escondiendo durante tantos años. Trazó un largo y profundo caminar hacia lo más profundo y hondo de su ser y, gracias a ello, pudo sentir ese amor del que un día Galilah le habló, un amor que le llevó a descubrirse a sí mismo.

*Somos luz en el camino, luz alumbrando
Nuestro destino.*

Mis títulos

Dejé mis estudios en 1º de BUP, lo que es ahora 4º de ESO. Debido a esto he cargado con una gran vergüenza. Empecé a trabajar con dieciséis años como dependienta en una pastelería; mi siguiente trabajo fue en una panadería y, a partir de ahí, continúe en una imprenta, de camarera, de asistenta en casas, limpiando oficinas y portales, y en la administración, como ordenanza. Sin saber aún qué puede ser lo siguiente hasta que consiga vivir económicamente de lo que me apasiona.

Siempre intenté mejorar debido a mi gran vergüenza. Hoy intento aceptarme tal y como soy, sin intentar cambiar nada, y ello me está llevando a hacer cosas que me gustan y de las que, hasta hace un año, me creía incapaz.

He tenido que armarme de valor y coraje para salir del victimismo y enfrentar mi gran valía, he tenido que dejar a un lado los prejuicios de la sociedad en la que vivimos, sociedad en la que, si no tienes un título, no eres nadie y en la que por ello te encasillan con un determinado sueldo.

Me formé como profesora de biodanza hace dos años y ahora me estoy formando como terapeuta en "Somatic Experiencing". Esto me ha dado fuerza para escribir este pequeño libro. Ha sido muy gratificante poder hacerlo, siempre soñé con escribir un libro, pero mi falta de autoestima hacía que sólo fuera eso, un sueño. Mi trabajo interior y mi constancia, día tras día, han hecho que lo materialice y que ahora puedas leerlo. Esta es mi prueba de que todo lo que se desea se puede conseguir.

Jamás hubiera imaginado que aceptarme tal y como soy me llevaría a escribir este libro. Sé y siento que todo esto no es más que una pequeña semilla de lo que me espera en los próximos años. He sido víctima del sistema y ya no estoy dispuesta a permitir que me sigan anulando como ser humano y hacer caso omiso de todo mi potencial.

Ahora ya no estoy dispuesta a cargar con el disfraz y la máscara de nadie, ya no, ya no siento que deba mendigar amor a nadie, ya no siento que deba ser rescatada por nadie, nada más que por mí misma.

¿Con todo esto qué quiero decir? Que no le des más poder a lo que te dijeron. Tan sólo fueron sus vivencias y sus creencias. Tu vida no es la vida de ellos, es tuya y tú tienes el poder para decidir cómo quieres vivirla. Siéntate contigo mismo y empieza a escucharte a ti y sólo a ti, y empieza a sintonizar con lo que de verdad eres en esencia.

Agarra tu vida y echa hacia un lado todos los patrones y creencias absurdas que sólo te llevan a maltratarte. Reconoce tu miedo a no ser aceptado tal y como eres y actúa según tu forma de ser y de sentir, y no permitas que los miedos ajenos sigan acompañándote el resto de tus días.

No te niegues por más tiempo y saca tu luz y tu fuerza, cambia tu lucha, tu apatía, tu desesperanza, tu miedo, tu culpa, tu vergüenza y afronta tu nueva vida con tus nuevas armas: fe, esperanza y amor.

Pregúntale a tu corazón qué es lo que deseas hacer y te aseguro que él te guiará y te ayudará a conseguir lo que de verdad eres.

135

Prefiero volar y ver la montaña, extender mis alas,
y ver la inmensidad de los valles. Prefiero volar
y susurrarle al viento, mi libertad.

Dios habita mi cuerpo, dios bendícelo.

RESPETA TU CUERPO

1. Cada mañana agradécele que esté contigo.

2. Acéptalo. Tu cuerpo es perfecto para tu evolución.

3. No lo trates como si fuera una máquina o un robot.

4. No lo juzgues.

5. Respétalo, siendo consciente de lo que ingieres y de qué movimientos haces en cada momento.

6. Habla con él, escúchalo y siéntelo.

7. Permítele que se exprese.

8. Deja que disfrute de una sexualidad consciente.

9. Ejercítalo.

10. Amalo y se compasivo con él.

Parte de los beneficios de este libro irán a parar a la "Escuela de Creadoras Libres", en la ciudad de Cáceres.

Un espacio compartido y orientado hacia el apoyo y el desarrollo emocional, creativo y el ocio cultural de jóvenes y adolescentes.

Un proyecto que actualmente se está elaborando y que está abierto a recibir todas las ayudas de las que pueda beneficiarse.

La sostenibilidad será una de las características en las que se basará esta escuela.

escueladecreadoreslibres@gmail.com

www.ingramcontent.com/pod-product-compliance
Lightning Source LLC
LaVergne TN
LVHW010342200726
843507LV00010B/1619